U0851106

写给90后丛书

记者不下班②

实习生的20堂职场课

南方报业传媒集团团委　编著

南方日报出版社
NANFANG DAILY PRESS
中国·广州

图书在版编目（CIP）数据

记者不下班. 2, 实习生的20堂职场课 / 南方报业传媒集团团委编著. — 广州 : 南方日报出版社, 2015.11
ISBN 978-7-5491-1255-5

Ⅰ. ①记… Ⅱ. ①南… Ⅲ. ①记者－新闻工作－中国－文集 Ⅳ. ①G214.2-53

中国版本图书馆CIP数据核字(2015)第105912号

JIZHE BU XIABAN
记者不下班2——实习生的20堂职场课

著　　者：南方报业传媒集团团委
出版发行：南方日报出版社
地　　址：广州市广州大道中289号
责任编辑：刘志一　　郑　颖
封面设计：肖晓文
责任技编：王　兰
责任校对：阮昌汉
经　　销：全国新华书店
印　　刷：佛山市浩文彩色印刷有限公司
开　　本：889mm×1194mm　1/32
印　　张：5.25
字　　数：96千字
版　　次：2015年11月第1版
印　　次：2015年11月第1次印刷
定　　价：25.0元

投稿热线：（020）87373998-8503　读者热线：（020）87373998-8502

网址：http://www.nanfangdaily.com.cn/press

发现印装质量问题，影响阅读，请与承印厂联系调换。

序

PREFACE

实习，是一场贯穿人生的修行

掩卷，耳边不觉回荡起熟悉的旋律：回头有一群朴素的少年，轻轻松松地走远，不知道哪一天再相见。

此书收录的这20个故事的作者都是过去三年在南方报业学习生活工作的实习生，他们与自己的记者“老湿”一起，有的卧底工厂，看到了一代产业工人的命运；有的投身数据海洋，倾听来自民间的声音；有的在故事背后，感受生命之美；有的在观察之余，找到自己的方法论；有的用小小笔尖，揭开黑幕背后的逻辑；有的换个角度看世界，在无趣中寻找乐趣；有的在突发现场，直面自己的内心；有的在镜头里，发现了灵性的力量；有的在传统报媒和新媒体平台自由切换，成为驾驭疯狂节奏的多面手……

编辑部花了一年多时间收集这些故事、这些人，他们中的不少人如今已成为真正的新闻人。如果说《记者不下班》第一辑是新锐记者的生存手记，那么第二辑可以说是新老媒体人共通的修行攻略。

或许没有一个行业，会像传媒行业一样，

如此看重实习生涯。对于这个行业来说，实习不仅仅是一种工作状态，更是一场贯穿人生的修行。

当一波波小鲜肉涌进各个媒体机构，开始他们的职业历练时，对于他们而言，每一个任务都是崭新的，就像打网络游戏一样，跟着老师混，完成各种各样的任务，不断打怪升级，直到最后通关。而老师对于他们，往往是爱恨交加，或者恨甚于爱。爱的是他们偶尔灵光一闪的新念头，恨的是他们常常自作主张的“临时发挥”。

有人总结说，“90后”没有“60后”的焦虑，没有“70后”的听话，没有“80后”的压力，所以他们不遵守传统，不按常理出牌，不靠谱。

是的，他们年轻稚嫩，不惮于犯错；他们个性十足，敢于挑战权威；他们熟悉互联网语言，更善于单刀直入表达观点；他们思维没有定式，更乐于尝试一切新鲜事物。

这正是可贵之处，也为传媒行业注入源源不断的新动力。传承与创新，每天都在这个行业里面发生着，薪火相传，赓续光芒。

谁没年轻过。想想当年，我们这些他们口中的“老湿”，不也让老师们头疼不已？不也一样天马行空棱角分明？不也是顶着“不靠谱”的标签，从前辈们手里接过了接力棒继续奔跑？但除了在工作磨练中累积起来的老道，我们是不是也可以从他们身上找回曾经的朝气和冲劲？

这是一个从来不曾有过的时代，变革深刻地影响着各行各业，传媒行业也在调整前进的路径。“融合发展”“新媒体”“移动互联”“颠覆”“转型”等等字眼，每天都在刷新我们的视野。面对变化，我们重审媒体的价值所在，重新学习网络话语体系。我们同时欣喜地发现，这些我们眼中“不靠谱”的他们，却在这片广阔的新天地中游刃有余如鱼得水。

他们是伴随着互联网成长起来的一代，互联网的基因已经融入他们的血液，他们就是网络时代的原住民。他们早已习惯了利用网络、驾驭网络。他们拥有快速应变和学习的能力、熟练运用多媒体手段的技能、在采写新媒体稿件过程中迸发出来的无穷机智。

在新媒体时代，他们就是我们的“老湿”，我们就是跟着打怪升级的实习生。保持求学的心态，勤勉努力，历久弥新，一样可以品味通关的愉悦。

记者在路上，修行才刚刚开始。

是为序。

《记者不下班2》编辑部

2015年10月

目录 CONTENTS

行思

南方日报机动记者部实习

向芮萱

实习成绩单

作品名称：《农民诗人余秀华为什么这么红？》

《万丽亲：穿一只拖鞋闯世界》

刊载媒体：南方日报

听我言

共情，思考，记录，实习七个月之后，我找到了自己的方法论。

个人简介

向芮萱，1992年生，湖北荆门人，就读于昆明理工大学广播电视专业。在本科就读期间于《武汉晚报》副刊实习，2014年7月开始于南方日报机动记者部实习。

理想是一块丰碑，直愣愣地杵在那里，却和我原本普通又平稳的人生轨道保持着不远又不近的距离。我时常回望它，回望的次数也越来越多。最终，站在人生的分岔路口，我选择了走向它。

我的第一篇新闻稿

实习报到的时候，我起了个早，挤上地铁，目的地广州大道中289号，这个曾经辗转唇齿间千百次而如今终于能暂时置身其中的地方。那天我跑了第一个报料，在京溪南方医院的地铁站附近的天桥下，有个少年在街头摆摊求职，为了给自己的妹妹治病。我赶到现场，第一眼看见的便是少年与他年龄不相符的沧桑。他仓皇而立，手捏着衣角，低头，不说话。我把这一幕写成了导语，如同我第一眼看见他。这篇《妹妹重病需钱手术少年街头派求职信》登报之后不久，我收到报料人的反馈，据说已经筹集了二十来万医药费，治病需要的血小板也不紧张了。那天下班后，我坐在公交上，看着窗外车水马龙，心里一直有种说不出的情绪，什么词都不贴切，但我笃定这种情绪是正面的。

这便是我写的第一篇新闻稿。

除了经验值，还有方法论

多事之夏，301纵火案、威马逊台风、鲁甸地震。

301纵火案，南日机动部整个部门都被调动起来了，实习生被分成小队，派去各家医院，我是其中之一。

医院的烧伤科外，有警察，有家属，有我们。三种不同的身份，三种不同的心境。警察让家属登记，做笔录，我站在一个不起眼的角落里，是伺机而动的观察者。等到时机成熟，我走到一名家属身边，装作不经意地问起。

那是一名年过六旬的老者，他十六岁的孙子在这个事件中重度烧伤，老人说至动情处，眼泪猝然而下。我也跟着哭，那种痛感是真实的，我悲伤于一个年轻的男孩在他最好的年纪遭遇了这场横祸，无妄之灾。

捕获、呈现，全都被我抛之脑后。还没有想明白要做什么，甚至连心理素质都不够好，就仓促前往现场。手忙脚乱是意料之中的事情，我逃回报社，匆忙交差。那一回，我知道，我只是一个需要更多学习和历练的实习生。

之后是威马逊台风。台风尚未登陆，部门里的记者老师已经抵达前线。我切身体会到“行动力”三个字到底是什么，不仅是快，还要有准备。前线是危险的，狂风卷起铁皮，破坏力惊人。前线的记者们将一篇篇稿子传回来，文字准确，描述精准。我才知道，新闻写作于我，缺失的，除了经验值，还有方法论。

鲁甸地震，能派出去的男记者都被派去了前线。前线的记者们走了一通宵的山路，抵达震中龙头山镇。而此时，地震伤亡，救灾情况，门户网站与微博上随时都有新的消息。

我们作为传统纸媒是不是慢了呢？我不由思索。

部门里的梁文悦老师发回消息，他在帮着救援队搬运物资，胥柏波老师正在一线救援的现场，陈晨老师在现场发回稿件。新闻快或者慢，在此时都显得微不足道，在这场灾难里，主角是一个个人，遭遇灾难的人，救援的人，去现场的记者等等。微博、微信、门户网站、这些媒介也只是为了让事件更完整地呈现，而记者，便是记录者。

此时，新闻于我终于迷雾消散。每个新闻事件，切入的角度和报道都有其方法可言。作为记者，在前往现场之前就应该有个大致的逻辑构架，需要了解什么，要如何了解，轻重缓急的排序等等。然而，只有尽可能地感受到你要报道的那个人、那个事件，方能写出有温度的文字，最终呈现出这个世界。

你用的每一个字都必须贴切

张蜀梅老师决定做一个系列报道——《广州寻梦》，在《南方日报》改版后的第一期刊出，我们要赶在出刊前找到足够多的采访对象。

《广州寻梦》旨在挖掘外来务工人员在广州的故事。第一个采访对象万丽亲是一家护发店的老板，80后，是名普通的外来打工妹。张蜀梅老师骑着单车，带着我和另一个实习生前往万丽亲的护发店。我身后背着三脚架，脖子上挂着相机，感觉自己是个将要上战场的战士。诚然，这是第一次有记者老师带着我外出采访，说不激动是假。

在采访开始前，我很好奇，普通人的故事如何报道？

直到万丽亲开始叙述她的经历，从她穿着一只拖鞋上了火车，到创业遇挫去摆地摊，我才发觉，每个看似平凡的人，都经历过生活的硝烟。我试着把自己带入到那个环境，离开家乡时的无可奈何，穿着一只拖鞋在车厢里的局促感，外乡人在广州的孤独，随着她的讲述，我假设自己也经历了那些事。了解不是揣测，看见不单单是用自己的眼睛，亦要用他人之眼，采访对象、事件中的人以及旁观者。

之后，我又去了几次万丽亲的小店，没有那么大的采访阵势，她开始跟我讲起一些琐碎的事情，光鲜背后的辛苦，以及如今的压力。我不断提醒自己，你面对的人和你经历过的完全不一样，你确定自己理解她了吗，各个层次、各种可能你都想到了吗？

写稿的时候，我告诉自己，你用的每一个字都必须贴切，因为你写的是他人的命运。

大时代的洪流往往淹没小人物，每条街道上每个人都行色匆匆，总有新人来，总有人离去，广州还是广州。他们为何而来，又为何留下，为何离去，我想，故事是最好的答案。他们的故事在这里发生，如滴水聚成江河，这些小人物的故事最终成就了现在的广州，他们不应当只是时代的倒影。

我想看见每个人。

共情，思考，记录

采访余秀华是一件偶然的事情。

结束了第一阶段的实习，在我回到家里的第二天，家乡的诗人余秀华红了。老师在微信上说，你去做个专访。

人物报道我不陌生，但单枪匹马地去做这么大的题材，心里还是忐忑。我带上相机，于清晨出发。抵达余秀华家中时，已经有记者连夜赶到，我慢了。

时间在走，记者也越来越多，采访刚开始的时候，我并不敢开口，听的多，问的少。每个记者都做足了功课，他们从自己找到的线索开始提问，环环相扣，逻辑缜密。我记录的同时也开始思考，这样的一个人，渺小又独特，她能吸引来这么多人的关注，读她的诗歌亦会发现，她的诗与她本人的关系血肉相连但又有些跳脱。她的走红成为一个现象，或许正是因为她触碰到了人们内心深处的某一个点，她以特立独行的方式，呈现出了某些我们正在做的，或想要做的事情。

于是我想从她生活的地方开始记录，环境与人的关系。她本人，她的遭遇，她生活的世界，这些线相互纠缠在一起，最终成为“余秀华”。而我作为同乡人，最熟悉的就是这一块土地，民风民俗，日常生活。我尽可能地采访到相关的周边，尽可能地描述出一个他人眼中的余秀华。这篇稿子在2015年1月18日早上发布在《南方日报》微信号上，距离余秀华走红仅三天。

每家媒体的采访内容大致相似，她人生的大概与琐碎不久之后也会变得透明。因为年轻，我没有经历过命运的拷打。叶三在微博上说，“假如还没经历过足够的人生，就先别着急去写别人的人生”。诚然，在面对余秀华的时候，我深感自己的无力。这种无力不仅是捕获与呈现的，亦有理解上的。

面对她“另类”的人生，我从最初的一头扎进去，淹没其中变为旁观记录，我放弃了书写她的人生，决定做回记录者，我笃定了自己想要的是什么。于是有了《农民诗人余秀华为什么这样红？》这篇稿子，为什么她会走红，走红后她的生活发生了什么变化。

共情，思考，记录，实习七个月之后，我找到了自己的方法论。

她天生带有记者的基因

张蜀梅　南方日报记者

2015年初，一个诗人火了，那就是向芮萱的老乡余秀华。当时她刚好回家，第二天一早，便赶往余秀华家。她遗憾地跟我说，现场已经来了南都、新京报、广日的文化记者了，她应该昨天就来采访的。我就安慰她说，没关系的，我们可以从跟他们不同的角度来写，她熟悉这里的水、空气、泥土的芳香，说不定更能写出别的味道呢。

采访的当晚，为了抢先发出消息，她连夜写了一篇《诗人余秀华和她的村庄》，稿子第二天一早就发在我们的“广州寻梦”的公众号上，下午被南方日报官方微信公众号和官方微博发布。

接着南方日报副刊编辑约稿，她再去补充采访，换了一个角度写了一篇《一夜爆红的诗人》，稿子又快又好。报题的时候，A叠做文化视点的编辑江华老师看上了这篇稿子，直接发在“文化视点”栏目。

向芮萱能吃苦，勤奋，主要是她写的稿子跟一个成熟的记者一样老练。

当然我作为带她的老师，不能这么赤裸裸表扬她，但是，说句真实的话，我觉得她天生带有记者的基因。

南方周末实习

刘志毅

实习成绩单

发表作品：《富士康“八连逃”自杀三谜》

《军队文工团拐点》

刊载媒体：南方周末

听我言

路不平，但它确乎是这么一条有魅力的路：用一些笃实的足迹和有见识的寻觅，来交换一些值得记录的、对抗时间的故事。

个人简介

刘志毅，先后毕业于武汉大学、清华大学，现为南方周末经济部记者。

Lesson 2 终不似，少年游

2010年的夏天，在南方报业老楼的办公室里，我还偶尔翻检成堆的过膝高的读者来信，寻找新闻线索。那些来信大多用钢笔写成，时常附上A4打印纸攒成的厚厚的材料。只是，真正从那里面出来的报道寥寥无几。

每周四，我带一份报纸回家，不到半年，竟也成了一个“故纸堆”。“他日若有人来打量中国的历史，必定要来翻检我们的报纸。”彼时的我只是个青涩的实习生，铭记各种警句，参加各种选题、评报会议，在老楼的12层如入奥林匹斯神山，敬坐恭听。

2010年5月，从深圳富士康归来，面对突如其来的关注，很难说我没有惊慌，我只是没有“失措”罢。那时的我写道——我要撕掉身上这个“富士康”的标签，有两种办法，其一，是停步不前，在遗忘中自然淡出，另一种，则是继续走下去，踏上一列又一列新的列车，更加用力，而我希望选择后一种。

如今，我貌似已经走在后一条路上。

路不平，但它确乎是这么一条有魅力的路：用一些笃实的足迹和有见识的寻觅，来交换一些值得记录的、对抗时间的故事。

一次纯粹的采访

我必须怀念，因那是一次真正的无所保留的采访，将自己浸润在新闻中，最后吐出的，自然字字皆新闻。

出发前，时任新闻总监郭光东老师不断地确认我的状态和各种应急方案。出发的那个晚上，报社里好像没有什么人，我只有一个简单的大包。

像一场秘密行动。在出租车上我想和编辑傅剑锋讨论一下我的几个新想法，被老师及时制止，他要严防一切可能导致我们的操作提前走漏的因素。在公交车站第一次与老杨接上头的感觉像地下党（老杨确实也像），然后讨论做题方向的变化，我在摇摆中不断摸索着这一代打工者的生存轨迹。

但当我和编辑在深圳高铁站刚出来，远处深蓝色的群山却颇为诡异。坐上公交，在夜幕下穿行，我感到无比茫然。但我同样因为茫然而感到无比兴奋。

第二天早晨醒来，窗外远近都是着工服的人开始缓慢移动，我明白接下来的一个月我将要前往其中。“没做出来也没关系”，对第一次出差的实习记者不抱过多希望，再寻常不过。

在接下来将近一个月的时间里，我像老杨告知的，像一台摄像机一样去观察工人。第一次以“卧底”记者身份与杨继斌老师碰头是正式工作的第一个周末。一个酒店十几层上的咖啡厅，大致说了说工厂里的基本情况，然后望着高楼大厦胡发了一通感慨，很兴奋于自己又暂时回到了真实的身份。关于选题，当时我印象最深的一句话是杨老师问到“你觉得这个题是语文题还是数学题”，我不假思索地回答“语文题”，也许是因为我还并没有做“揭黑”之类调查的经验，也许是因为对于环境的一种直觉，我总觉得这一周我看到的东西，即便是戴着“有色眼镜”往那几个能逼死人的方向上靠，也显得牵强无力。但杨老师提示我这应该是“数学题”，一环一环的故事与细节最终要导出自杀的结果，报道才能成形。如果不能建立这样的逻辑关系，那么这篇调查就是失败的。当然，一切还在进行中，选题的变化还要看进一步的材料积累，“你也别抱太大希望”。我的作用只是忠实地做好一台摄像机，与一台文字输出机，“有色眼镜”必须摘下。

我动用身体上的一切感觉器官，只求细致与鲜活，而更少或者根本不去考虑调查的结论。工友们开心、幽默、青春、时尚，我都一一记录下，甚至有时候篇幅比他们的焦虑、无奈更长。这样的记录让我很安心，因为我只需与看到的事实、感受到的情绪站在一边。

有许多次因为在厂区里发现的细节、故事而难以入眠。白天工友在搬运货物时的嘶吼、机器扎人的“传说”、白天夜晚倒班时两班人的陌生、迪厅里的疯狂、卡拉OK的廉价、彩票点的火爆，还有在一个个学习班面前欲改变自己又不能的无奈，反复交织。摄影记者来到厂区拍下的场面令人印象很深刻，不过那似乎更像是整个社会的一个缩影而不仅仅是这个厂区了——生产线上表情麻木的女工，以及拥挤的通勤车上脸贴着车窗玻璃的下班工人。

离开前的最后几个晚上，我望着上铺的木板纹理听暴风雨声，在室友此起彼伏的鼾声中，心内遣词造句。终于在一间昏暗的网吧里，我完成了自己的手记。

傅老师说他看到我的手记时几乎要流泪，我也要哭了。我极少被自己打动，更多时候我总是不自信。我只能笃信于事实里生长出来的东西，以及事实能够证明的真理。

我经常怀想三年前的自己究竟有着怎样的运气，竟还一直嚷嚷着要“告别”富士康，殊不知，我带着故事和报道离开了，而他们依旧要在12个小时里保持不变的工作状态，念之断人肠。

记者的生涯，大抵就是在他人的生活中不断掠过，始终不敢软下心来，害怕体味到的酸甜苦辣一齐打翻，终于难于承受。回首看时，无异于大病一场。

终不似，少年游

当年听到的一个小故事是：唐敏姐去给在外出差的记者打钱，银行已经过了营业时间，银行职员听到是要为在外的南方周末记者打钱，情愿延迟一些下班，也要办完这单业务。

五羊新城里横七竖八的巷子，就好像这个国家每一个普通的巷子一样，几个银行职员的认可，仿佛是这份报纸的读者们的一个缩影。依靠内容品质建立起来的口碑是头顶的那块大金字招牌，激励着采编人员的斗志，构建起一种共同的纯粹的追求。

曾有编辑说，南方周末的编辑部里，是一种“互闻弦歌而知其雅意”的默契，因为气质相投。那气质在我心中，是在信息洪流中保持优雅的执拗，也是在媒介更新换代里对抗飞奔的徐行。稍稍一想并不难发现，这样的属性本非普通大众媒介所能、所应承载。

这样的机会对于我来说无异于洛神在水波之上的飘飘衣袂，心向往之，于是一时间我并不顾及其他。

但事实上，从1984年至今，他已经从一个“路见不平一声吼”的青年，变为一个颔首沉思的壮实中年，并时不时朝前远眺。纸面上、词语间的气质在版面的一次次刷新，人员的不断变换中体现出来。人不能两次踏入同一条河流，毋宁说三年。

在网络媒体日新月异一路狂奔的今天，纸媒显得有些不合时宜，似乎所有看上去见识的媒体人都要对纸媒唱衰一番。我当然并不想在此讨论纸媒与网媒的问题，我只是觉得即便在未来的某一颗金光闪闪的化石里，留着些我的汗水，也是值得的。而更多的东西将会留存在我的体内。

三年前的一次饭局上，老杨说的两个字我至今记得：“祛魅”。当你不断靠近那个顶着光环的神山，你越发可以看见，这里的河谷里也有淤泥，这里的树林间也有败叶，甚至许多时候它们纠缠在一起，让人难以分辨。这样的“江湖”有如糨糊，阻滞其步。尽管我们经常这么解释：有人的地方，就有“江湖”。

这样的不断“祛魅”与纸媒面临的所谓行业性危局一道，让我在南周的新日子早就走出了破壳而出的新鲜期待，更多的，则是在某一专业领域能否稳步成长的自我忐忑。

当年大帆布包背着行李前往富士康的青年已经上路，不过当年看好方向的路已经由实物态转变成了量子态，可能发生的任何变革让所有人的神经都紧绷着。

当年饭桌上的三个人，那个编辑已经转型成了另一个网站的老总，那个记者做了编辑，然后跳槽去了一家互联网公司，而我，那个实习生，成了一名新晋记者。偶尔还能收到一些读者来信，诉求已经是五花八门，我不时阅读它们，企盼看到一些打印纸之外认真执着的墨迹。

速朽的时间流里，终不似，少年游。

初心不改

傅剑锋　南方周末原记者

刘志毅曾经是我的实习生，但在许多方面，其实他可以做我的老师，或者说我可以从他身上吸收到一些颇为可贵的东西。

对志毅的第一印象很难磨灭，是个黑瘦、俊朗、安静又目光炯炯的年轻人。这个第一印象的定格就和“富士康员工八连跳”这个题材深度相关。

记得那是2010年4月的某个选题会后，那时我是南方周末调查版编辑，费了老大劲，终于说服了南周编辑部派人去富士康卧底，以挖掘富士康员工接连跳楼的真相。在新闻中心向记者们游说了一圈选题规划后，似乎没有特别适合去卧底的，没有一个记者看起来像可以去卧底富士康的适龄青年。

这时，坐在办公室角落的实习生刘志毅走过来，那眼神年轻、坚定又毫无畏惧，轻声问我：“傅老师，我可以吗？”从年龄与外形上，他是合适的，但他毕竟是实习生啊，安全问题如何保障？他能够自如地应对卧底中的各种突发情况吗？他能像一个真正的记者那样对打工的年轻人进行深入的观察与挖掘吗？我们花了数天时间做周全的卧底预案，但心里不免仍有疑虑。

打消疑虑是从刘志毅卧底应聘那天开始的。那时富士康员工的接连跳楼，虽然在媒体上被炒得沸沸扬扬，但并不影响富士康的招工。在深圳富士康南门，上千人在排队应聘。我陪着刘志毅去应聘，从早晨七点一直排到晚上七点，排了十余小时，志毅才进入面试。天气又闷又热，我在旁边陪得困倦不已，刘志毅排了一天队，却不喊苦不抱怨。在他通过面试的那一刻，我很庆幸地认为，没有看错人，他的坚毅、稳重，在一天的排队中充分显示出来了。这样的人去卧底，我不担心会忍不了，会应付不了突发情况。

在其后二十余天的卧底中，他用手机短信持续地把信息发给我和杨继斌，许多零碎的观察非常敏锐与深刻。志毅与我、杨继斌还有摄影记者王轶庶，我们形成了一个为卧底而战的紧密团队，内外联动，多维度挖掘跳楼的原因与社会生态。

在写稿那夜，我鼓励志毅："你的许多短信记录非常适合感性表态，正式的调查新闻稿里放不下这些，那就来篇记者手记吧，自由表达你的真实感受。"

记得当我拿到他的手记的那刻，不亚于新闻主稿一样被吸引与震撼。甚至许多年之后，我仍记得读到他的那段文字时的热泪涌动："凌晨四点，我上完厕所侧耳贴在车间走廊的墙壁上，听到机器的隆隆声从四面传来，频率稳定不息，那是这个工厂的心跳。工人们每天就在这种固有频率的支配下工作、走路、吃饭，我此刻明白了为什么我在没有人催促的情况下会在工厂的路上走得那么快，会在食堂里吃得那么急，虽然并不舒服。你就像每个零部件一样，进入了这条流水线，顺从于那节奏，隶属于那凌晨四点的心跳，无法逃逸。”

这个年轻人，我相信在那时那刻，听到了一代产业工人的宿命与心跳。

后来，他因为这一篇，成名了。再后来，他从武大保送到清华去读研，在财新实习一段时间后，又应聘加入了南方周末，这是他最初实习的地方。我问他为什么要应聘南周，纸媒似乎越来越不景气了。他只是笑笑说：“心结难了，非在这儿工作几年不可。”

他就是这样一个初心不改的人，认定目标，沉毅而行。“理想主义”在当下是个奢侈的词语，但我认为，用在志毅身上是合适的。

南都民调中心实习

文轶然

实习成绩单

2014年7月，广州市公积金新政民调

2014年7月，广州市垃圾分类政策民调

2014年8月，关于东莞小区业主维权意识调查

2014年11月，广州十大民生事件知晓度调查

听我言

短时间内收集整理这么多问卷数据是有一些难度，但这个调查对我而言最深刻的并不是业务能力的锻炼，而是我们收集的数据真的可能改变某些东西。

个人简介

1992年出生的我是社会新鲜人，2014年7月进入南都民调中心实习，2015年7月正式入职，从事调查研究员工作。在民调中心的工作同时满足了在媒体工作和从事调查行业的两个小心愿。

Lesson 3 数据生产熟手女工的养成

接到这个写作的任务时，我是十分惶恐的，我的文笔并不好，加上写惯了数据分析报告，语言风格更是平淡乏味。想到要和学新闻和中文的小伙伴们的文章放在一起，压力十分大。文笔是没法和大家比的，那就写写我在民调中心实习一年的一些经历和感想吧。

南方都市报的民调中心是在2014年6月正式启动的，从2014年7月开始我就一直在民调中心实习，是这里第一批实习生。从去年7月开始到现在也快一年的时光了。在这一年里有许多人问我这份实习是做什么的，我会告诉他们，民意调查从项目设计、问卷设计、调查实施到数据的分析与调查报告我都会参与其中，这大大小小的调查，就像数据生产的流水线，而我在这一年的时间里，练成了数据生产熟手女工。

奔跑在街头

还记得刚来的时候，当时恰逢广州市的公积金新政第二次征集公众的意见，我接到的第一份工作就是针对公积金新政的街头访问。由于我是所有实习生中年级最高的，因此担任了组长。在调查过程中，遭遇了形形色色的人，有友好而礼貌地帮忙填答的，也有客气地拒绝的，有极不耐烦地将我赶走的，当然也有在我的软磨硬泡下不忍心拒绝而帮忙填答的，还有激动地拉着我说一大通希望我能为他们做点什么的（因为我说自己是南方都市报的实习生）。一边调查，一边统筹大家的进度，顺便分享各种经验教训。几经波折，我们几位实习生在一天半内收集到400多份问卷。调查的内容第二天就要见报，因此随后的数据的整理、录入与分析时间十分紧迫。但数据的处理又是一个需要细致与耐心的活，需要兼顾速度与质量，经过几位实习生一天的赶工才得以完成。到最后大家几乎都看到眼花，录到手抽。

短时间内收集整理这么多问卷数据是有一些难度，但这个调查对我而言最深刻的并不是业务能力的锻炼，而是我们收集的数据真的可能改变某些东西。以往参与的调查忙来忙活，多半是为了一份课堂作业或实践经验，而这一个调查的结果会在有关部门完善公积金政策的过程中纳入考虑，让我感觉到这些辛苦都特别有意义。

我不是骚扰电话

当然，除了街头访问，电话访问也是我们部门常用的调查方式。当初在民调中心成立时就考虑到利用南都呼叫中心的设备与人员提供电话调查的平台，我作为实习生在这一年间也参加了许多电话访问，例如每月一次的东莞舆情知晓度调查、珠海市民的阅读习惯调查以及珠三角城市职场压力与辞职意愿调查等。

2015年5月左右开展的珠三角城市职场压力与辞职意愿调查就是比较典型的例子，当时一封仅十个字的辞职信“世界那么大，我想去看看”走红网络，让我们很想探究白领们是怎么看待职业化生存的现实与理想生活之间的矛盾，会否愿意抛下工作去看看世界。这个调查一开始是按照街头访问进行设计的，后来由于那段时间常常下暴雨而改成电话访问，针对珠三角八个城市的职业群体进行了调查。电话访问与街头访问有不少差异，从问卷设计来讲，因为是通过电话提问，不管是开头的介绍语、提问的方式还是选项的设置都有很大不同。而调查的实施过程中，电话访问可以坐在坐在办公室吹着空调进行，不必担心风吹日晒雨淋。但这并不意味着电话访问更轻松容易，电话访问需要面对更高的拒访率。在经历空号、无法接通、占线之后，终于有个接通的电话，我激动地说着开头语，对方却直接挂断或告诉我“我不需要”（以为我是推销的）。在推销、诈骗、各种垃圾短信和电话盛行的今天，电话访问的难度确实不小。有时候会花上不少时间跟对方解释“我真的不是推销，我真的是南都的”，常常打十几个电话才能完成一个有效样本。在整个珠三角城市职场压力与辞职意愿调查中，我们一共拨打了9856通电话，最终完成820个有效样本。

当然电话访问也有它的好处，调查中已经将调查结果输入电脑，省掉了后期令人手抽筋的数据录入，可以直接开始分析数据，然后撰写报告。无论是街头访问、电话访问、入户访问还是网络调查，每种方式各有优劣，在不同的情境下选择适合的方式才能更好地保证调查的质量。

思考中逐渐成长

在这一年间参加的各种类型大大小小的民意调查中，不少与政府政策制定相关，让我开始感觉到，政府在决策过程中越来越多地考虑到民众的意见，这无疑是一个巨大的进步。在我国，以往通行的方法是在基层召开座谈会，找人谈话征求意见，进而开会讨论通过。这种方法看似走群众路线，但做不到广泛地听取民意，听取的也未必是真实的意见，因而时常没有发挥实际作用。这一现象也经常遭到吐槽。

而近些年来，随着政府管理观念的转变，越来越多的民生政策制定之前会公开征求意见。例如前几年国家法定假日方案调整过程中就充分考虑了民意。在信息技术发达的当下，继续采用传统的拍板决策方法风险很高，仅仅公开征求意见也是不够的。公开征集意见虽然能给公众一个很好的表达声音的平台，但其中反应的更多是那些对该政策关注度极高且热心参与公共事务的人，但其他一些利益相关但并未主动提出意见的群体未必被考虑到，这个时候主动地开展民调就显得十分必要。

这又引出了另一个问题，如何才能更真实有效地反应民意？在现代社会，人们的价值观和利益诉求都日益多元化，针对同一个问题也可能有截然相反的意见和态度。就好像这次公积金的调查，针对一开始备受争议的限制二次及以上公积金贷款的条款，民调结果并不像预想中那样反对的声音占大多数。受访者中，表示“反对”“赞成”和“观望”的几乎各占三分之一。究其原因，一方面该条款影响到的人是少数，调查中多数的受访者并没有房产，对他们而言，限制二次贷款、优先首次购房者是合理的；还有许多人一套房的贷款尚未还清，二次贷款暂时不在考虑范围内；而对于另一些希望靠二次贷款“小房换大房”的人，反对的声音则很强烈。这就要求政府在政策的制定过程中考虑不同的声音，而非“一刀切”。另一方面，意见的多元化使得民调的结果存在相当的弹性，方法的不同可能导致收到的结果不同。非常经典的例子就是1936年的美国大选，《文摘周刊》在进行民调预测是由于抽样缺乏代表性，使得调查结果与实际选举结果大相径庭。而公积金的民调采用的是街头访问与网络调查结合，由于方法本身的原因，结果也仅能代表受访者本身的意见而未必能推及所有相关市民的态度。要保证民调数据的真实可靠，需要一套科学严谨的方法。为此，民调中心也在日后大大小小的民意调查中不断努力，完善自己的硬件与软件，力求让民调的结果反应的是真实的声音。

从我进入民调中心到现在，部门逐步引入了CATI系统、建设数据库以及号段资源库，同时也与各个高校合作并建设专家资源库。在这一年里，我见证了这个部门的逐步发展和完善，在此期间也收获很多，可以说是与这个部门共同成长的，也承蒙主任的信任能得到留在民调中心工作的机会。接下来的时光里，我还想继续愉快地做一名数据生产女工，与同事们一起努力，让我们生产的数据更加科学可靠，同时也希望这些民意能被更多地纳入公共政策的制定中，推进决策的科学化。

南都民调的元老级实习生

谢斌　南都民调中心主任

2014年6月16日，南方都市报全面优化升级的版面与内容面市，经过两个多月紧张筹备的南都民调中心也在当天正式启用。这是南都全力打造的思想平台、意见平台、批判平台、服务平台、全媒体平台等的重要组成部分。但挂牌之后的南都民调中心，却面临着没有系统、没有人员可用的尴尬局面，大量调查项目急需社会调查与数据分析方面的专业人才。我不得不先期招募实习生，以解用人之急。文轶然就是当时招来的第一批实习生，也是那批实习生里唯一的研究生。

当时正好有一项广州公积金新政的民意调查项目启动，需要组织实习生进行社区问卷调查，文轶然是学社会学的，又是这批实习生中学历最好的，我便让她做了组长，负责组织实习生们实施这次问卷调查。从问卷设计到组织访问，再到数据统计和汇总分析，她很快便显现出自己的专业功底和敬业精神。从本科到研究生6年的社会学专业积累，不仅使她掌握了扎实的社会调查方法、专业的分析研究能力，也养成了良好的学习与实践能力。

此后的广州垃圾分类认知度调查、珠三角城市职场压力与辞职意愿调查等多个民调项目，她自然而然地成为了骨干，与南都民调中心一起成长，几乎全程参与了南都民调中心的基础建设和业务建设。在包括民调流程与业务规范的建立、数据资源的整理及数据库的建设等方面，她不仅发挥了自己的专业优势，也表现出良好的职业精神。

作为南都民调中心实习时间最长的实习生，从2014年7月到现在，她先后陪伴了5批实习生，是南都民调中心最专业的实习生，也是最老的元老级实习生。

张悦

南方日报经济部实习

实习成绩单

发表作品：《广东出了个“电商村”》

《家电重镇的电商“联盟”》

“粤侨天山情”系列人物报道

刊载媒体：南方日报

听我言

独立是一种勇气，是一种锻炼，更是一种成长，在之后的每一次独立采访、独立构思、独立写稿中，我都能得到全新的体验，这是依赖所不能企及的。

个人简介

在南方日报经济部实习半年有余，实现了我小小的记者梦，更从优秀的记者老师们身上学习到新闻人的努力和坚持，以及有理想的生活该有的模样。虽然毕业后无缘进入新闻行业，但“新闻”二字在我的生活中已成为习惯。

出发前往广东揭阳军埔村之前，指导老师告诉我："这一趟任务你不仅要留心学习我们是怎么采访的，也要找到自己的位置，想想自己可以为这个采访贡献什么。"彼时，我已经在南方日报实习了一个多月，渐渐明确了作为一名实习生应该有的态度和目标。听完指导老师的话，我更加肯定了自己的想法，虽为实习生，却不能被这个身份所束缚，而要做好规划，像报社的记者老师们一样，全力以赴，在有限的实习生涯中实现自己的价值。所以，我暗下决心，一定要把握这次的采访机会，努力使自己的贡献最大化。对军埔村的采访报道，成为我最深刻最难忘的实习经历。

笨鸟先飞　能者多劳

实习生总会抱怨自己无所事事，但我认为，我所做的所有事情都会有它独有的意义，与其消极被动，不如自己主动发现事物的价值，积极将它完成。比如，我欣喜地发现自己学会了更多排版打印技能，接触了外人无法看到的内参性质的文章，而大量地阅读报纸，更是为日后自己采写稿件打下坚实基础的必经之路。

因此，我几乎天天往报社跑。有时，带我的记者老师跟我说：“明天没什么事，你可以不来报社。”我常常回答她：“反正我没事做，还是过来吧。”她又问我：“你是不是很喜欢报社啊？”我只能微笑地点头。

我始终相信，笨鸟先飞、能者多劳，不管你是笨鸟还是能者，要想获得机会，就要主动出击，比别人来得早、做得多。因为常去报社，所以部门的记者有什么事情需要帮忙时，常会叫上我。不论是查找资料、电话采访，还是撰写稿件……我因此获得了更多锻炼的机会，也积累了更加丰富的经验。渐渐地，我与部门内的记者老师都熟络起来，有外出采访的机会，他们常会捎上我；采访回来后，他们会耐心给我指导稿件的框架；最终成稿后，他们也乐于与我分享采写的经验。从不同的记者老师身上，我学到了更多层次的东西，也获得了越来越多的认可，而这些回报，必然是在不懈的付出之后。

摆脱依赖　独立担当

获得机会，更要把握机会。我认为，要想在实习过程中真正学有所成，便不能事事依赖指导老师，必须学会自己独立，敢于尝试各种各样的第一次，在机会中勇敢地展示自我。

到达军埔村采访数日后，同去的记者老师返回广州，留下我一个人继续驻点。由于当时军埔村才刚刚形成电商村的轮廓，又是广东出现的第一个电商村，之前没有相关的报道资料，所以记者老师给我的任务是理清这个电商村从无到有的发展轨迹。由此，我开始了独自在军埔村驻点五天的田野式采访经历。每一天，我都到村里的网店与店主交流，试图找出他们经营网店的共同缘由以及各个店主间的人物关系，将他们的故事仔细记录下来，并且，为了还原这个电商村的风貌，我画了一张手绘地图，将各个网店的位置标记其中。所有这些采访所得材料，都将是之后稿件撰写的素材。

没有了指导老师的带领，独自一人在陌生的地方穿梭采访，难免会不安胆怯，但我知道，这是必须跨出的第一步，也是使自己能独立担当的最好机会。既然能得到记者老师的信任，留我一人驻点采访，我就必须不负所望，尽全力完成任务。回到广州后，老师很满意我的采访内容，并且让我自己先完成这个采访的初稿，最终，这篇稿件作为对广东第一个电商村的首篇报道，获到了很大的反响。而我，也在独立的路上越走越好。

在军埔村采访期间，正是强台风“尤特”袭击广东后几天，广东受灾地区，包括揭阳，都投入紧张的复产工作中。一天清晨，我突然接到电话，揭阳市市长邀请我同他们一道前去采访企业的灾后复产情况。当时，我深深感受到了肩上的责任，我代表的已不仅仅是我自己，而是南方日报，这种责任感使我再一次提醒自己，必须独立担当起来。于是，我随市长一行同去受灾企业采访，然后将材料发给广州的记者老师，合作完成了报道任务。

独立是一种勇气，是一种锻炼，更是一种成长，在之后的每一次独立采访、独立构思、独立写稿中，我都能得到全新的体验，这是依赖所不能企及的。很多人不知道自己实习的目标该是什么，在我看来，能够超越实习生的身份，不再有依赖思想，独立完成工作，便是实习该达到的目标之一。

总结经验　反思经历

实习的状态总是从懵懂到熟悉，而在日渐熟悉之后，要想将学到的东西真正内化为自己的储备，便要不断地总结，不断形成自己的“葵花宝典”。

都说好新闻七分靠采访，三分靠写作，在几个月的实习过程中，我最多的经验总结莫过于采访这一块。第一次独自采访时，我连提问题都是颤颤抖抖的，写下的记录也没有几句可以采用，但在之后的不断实践中，我渐渐总结出了采访的要点，不论是在提问题方面，还是记录方面，或是与不同人物的沟通方面。

就如在军埔村的采访，与店主的交流中，我并没有抛出一个个问题让他们回答，而是像朋友般聊天。因为我需要的是他们的故事，而不是他们对某个问题的看法，聊天的氛围更有利于故事的娓娓道来。反之，如果我采访的是专家，想得到他们的观点，则用问答式的采访方式会更直接。同时，因为我们的新闻写作需要细节，所以在采访中更要注意对细节的挖掘，而军埔村的报道是以故事的形式展开，更需要细节的支撑，所以，我对店主们讲的故事细节穷追不舍，哪怕一个人、一句话、一个时间点，都会追问再三。

类似的总结，或许不仅仅是对所学内容的巩固，更重要的是对实习历程的反思，对每一个阶段的升华。记得在我实习了大概两个月后，我对稿件的写作模式陷入困惑：一方面想尽快掌握《南方日报》的写作模式，以便能独立操作稿件；另一方面又害怕自己的写作思维会被固化，难以适应其他报纸。所以在一次交流中，我向一位记者老师提出了我的疑惑。他告诉我，不能受限于《南方日报》的模式，我应该学习的是稿件的操作方法，是新闻最基本的框架，这才是实习的精髓，其他类型的实习也一样，我们要掌握的是这一行的基本功，而不仅仅是你实习所在单位的外墙。我恍然大悟，这一番总结，不正是我对这几个月的实习最好的反思吗？所以，其实对于实习的总结，不仅仅停留在技能上，更重要的是对这一段经历的思考，将其内化为你人生中又一笔思想财富。

实习是每个人都有的经历，也是每个人都不同的经历，经历中的那些人、那些事，都会让我们成长。或许实习的结果不尽如人意，或许过去的实习与你现在的工作没有太大关系，但每一段经历，只要全力以赴、无愧于心，便应画上圆满的句号。虽然我最终没有踏入新闻行业，但我仍然感激当时的自己，感激那一段实习经历，感激经历中出现的人和事。如果说谈新闻理想太矫情，至少当我名叫实习记者时我认真对待过，拥有了一段令我终生受用的经历。

闲不住的实习生

唐柳雯　南方日报记者

张悦来实习的时候，我刚刚入职一年。所以，与其说她来南方日报实习，不如说我们在这里共同成长。

张悦是个不惧困难的女孩子，天道酬勤用在她身上再合适不过。“揭阳出了个电商村，我们得去看看。”2013年的一天，我的导师谢思佳主任对我说。第二天，她、张悦和我便拖着行李坐上了去往揭阳的大巴车。这是我第一次跟着谢思佳主任做调查采访，内心很激动，相信张悦更是如此。行程紧凑，几天后，我们不得不赶回广州，于是就把刚来报社实习的张悦“留”在了村里。

临走前，思佳主任对张悦需要采访的细节做了完整的交代，“你要画一张电商街的图，挖出这个电商村形成的根源”。那晚我们开会到凌晨，张悦的笔头在纸上快速移动，后来她把那些记下来的要点全都付诸了行动。

印象中，我们似乎没有对张悦的能力产生过质疑，尽管她话不算多，但是她踏实、好学，让人放心。张悦在电商村一待就是一个星期，来自潮州的她具有天生的语言优势，很快便和村民熟络起来。后来，她出色地完成了采访任务，至于有多出色，稿件自会说话。此后我去揭阳不下十次，每一次都有人向我问起张悦的近况，我想这就是她的成功。

在我眼里，张悦还是个闲不住的实习生。2013年我经常出差，有时整个星期都不在广州。一天，几个同事同时发微信给我，大意是“张悦来找我们‘要活儿干’，因为你出差太多导致她很闲”。这就是张悦，她说她相信笨鸟先飞、能者多劳，其实她哪里是“笨鸟”，做一只早起的鸟儿是多么聪明的选择啊。

张悦是我第一个深入接触的实习生，和她相处久了，我在处理一些稿件时会自然而然地参考她的意见。2013年我们做过一组华侨援疆的报道，虽然她不能亲临新疆采访现场，但是在对超长的采访录音进行逐字逐句整理的过程中，她不但逐渐对人物熟悉起来，而且还能从第三方的角度为稿件提出许多富有建设性的意见。事实上，没有她的帮助，我的许多稿件可能完成得并不那么顺利。

虽然她在大学毕业后并没有走上新闻的道路，但凭着她那股子执着认真的劲头，相信她往后的运气一定不会太差，祝福她。

尝新

任梦莹

289艺术运营实习生

实习成绩单

2014年南方国际文学周·拙见年度盛典新媒体运营与传播

2014年南方报业传媒集团“289艺术园区”建设启动筹备

2014年289“艺见”多场分享活动的执行与媒体传播

2015年“艺术生活节”前期筹备、媒体传播与现场执行

听我言

你做的事，摄影镜头难以捕捉到，也上不了头条，但或许那些我们期望中的闪亮未来，都不得不始于从头开始做好每件小事的坚持。

个人简介

暨南大学文艺学专业研究僧一枚。典型闷骚金牛座，无法忍受没有运动和阅读的生活，喜爱狗略爱猫。曾在“289艺术”实习，现为南方农村报新闻部记者。自信心还不够强，但关键时刻能够爆发小宇宙。

Lesson 5 几乎每一条路都纠结丛生

2014年学生时代最后一个暑假，我走进南方289号大院来到了刚破土而出的“289艺术”。当我满怀期待地眺望即将展开的实习时，“未知”带来的是兴奋，是幻想参与各种活动见到大咖们的画面，是想象新生活渐次铺开而来的激动。然而，“未知”其实还另有一面，是踏上旅途后必定遭逢的困境和迷茫，以及朝向目的地所必须的耐心和努力。

在后台给莫言带路，吓出一身汗

2014南方国际文学周·抵见年度盛典是289艺术团队组建以来第一个大型项目，而对此我和“289艺术”一样都是“菜鸟”——289艺术的运营团队中各位老师都来自集团不同部门，有不同的工作背景和经历，但相同的是都期望在媒体转型中寻求突破，既关乎自身也关乎整个行业，而这样的探索必定不是轻松的。

在2014南方国际文学周·抵见年度盛典进入倒数两周的阶段里，加班几乎是每天都肯定的事。当时我刚开始接触新媒体运营，虽然朋友圈天天刷，但并不懂得怎么写出符合新媒体内容的文章，于是一开始必须摹仿，观察不同风格的优秀公众号在内容上的设置与表达。每天在写完稿件后，就和王老师一起窝在电脑前，她会看着稿子逐字逐句地和我一起修改，然后对每一张配图反复挑选。这让我很不好意思，毕竟她已至少两个月没怎么休息，每天还有不断堆积而来的工作。

在最初的认知当中，我以为新媒体运营就是找找资料，写不长的文案，在微博微信上和用户卖萌神侃，可是一旦深入下去发现这份工作既需要你时刻低下头去梳理无数细节，比如微信平台的排版编辑上常常出现格式漏洞与错误，有时一篇图文需要耗费两三小时排版。除此之外，就单纯的内容输出而言，新媒体运营的工作几乎就等于传统媒体中的记者和校对、编辑、设计。

同时，这份工作又需要你时刻抬起头关注整体的布局与方向。当时拙见年度盛典对外宣传的主导渠道为“289艺术”和“拙见”两个运营没有多久的微信公众号，粉丝量并不高，而且在新媒体渠道上发布的有关拙见的内容并非是长文章，以字数标准衡量都只能算一条短短的消息，比如介绍嘉宾、发布活动信息、募集自媒体参与活动之类，但又必须在这样短小的内容中做出在极短时间内有巨大势能的传播内容。从这种角度来说，新媒体运营又是营销和产品设计，当中包含的知识对于在书斋里学了七年中文的我来说无疑是陌生和崭新的，在每天的工作以及和老师们的交流中，我慢慢摸索着学习与适应。

就这样，在盯着电脑屏幕熬夜加班中，2014南方国际文学周·拙见年度盛典来到了。和幻想不同的是，由于现场工作调整，结果当天我从码字写稿子变成了满场跑的后台人员，虽然那天，我如愿以偿，见到了许鞍华，亲眼目睹朱鼎建的肌肉，和毛继鸿共处一室……甚至我一度坐在了莫言身边，但是成为幕后人员时，脑中都没时间想扑上去要签名要拥抱，而想着能不能光速飞奔在后台各个角落，带领大咖们进入休息室，确保按时进场，解决各种突发小状况和需求。

初入职场，工作对我来说就如同阿甘手里的那盒巧克力，永远不知道下一刻会面对什么状况，不知道自己是不是能够自如完成，唯一能做的就是问题来了赶紧淡定下来，开启脑洞想办法。当天，在拙见盛典下午场开始时，我需要带着莫言老师从广州大剧院的后门进入舞台，这是一件简单也麻烦的事。简单在于它不过是带路，麻烦在于当你很紧张时间又很赶时，迷宫般的后台道路，会让你分不清方向。于是我带着莫言老师一行人穿梭在广州大剧院的后台，当坐着电梯来回两次停在了错误楼层时，我已经浑身冒汗了，虽然莫言老师对我说：“没事，不着急。”好在最后按时让莫言老师到达了后台休息室。是不是很无聊，这样的事很琐碎，没有所谓的高大上和光鲜亮丽：带着熊猫眼，在后台打鸡血工作，然后站在路边领工作餐，啃着汉堡，相互吐槽，爆料后台大咖们的各种趣闻；散场后，拖着疲惫的身体，或清理物料，或校对现场文稿……你做的事，摄影镜头难以捕捉到，也上不了头条，但或许那些我们期望中的闪亮未来，都不得不始于从头开始做好每件小事的坚持。

没有所谓完美选择，最好的就在当下

当初成为289艺术一枚实习生时，从未想到有一天会怀疑自己所做的选择，因为在这里有太多我喜爱的事情：参与“艺见”陈丹青、黑川雅之、杨丽萍、吕胜中这些大咖分享会执行；有机会接触一直喜爱的云门舞集，近距离听到林怀民对舞蹈的谈论……经由289艺术，一个异常丰富多彩的旅程逐渐展现在我面前。

在我面对毕业选择的时候，289艺术策划的“2015艺术生活节”开始进入最后筹划和执行准备中，在为期两周的时间里我们需要做25场艺术/生活/旅行相关的分享会活动。

这次，除了在新媒体上进行常规的活动内容预告和观众招募，我也需要参与到25场艺术生活节的前期活动协调与现场执行中。以往去参加一些讲座和分享会，自己的感觉是轻松又惬意，但是当你成为举办者，这样的愉悦就烟消云散了——活动内容发布的安排日期要怎么设计才能吸引观众，和嘉宾的前期沟通需要落实各种不同的流程安排，现场椅子、麦克风、投影、海报的设计……种种的细节都一个个冒了出来成为需要去关注的事情，突然间觉得很多事情，自己只是一知半解。

25场活动的第一场是香港设计师又一山人的分享，在王老师前期和他的沟通中，不论是当天需要用到的PPT还是现场每个环节他都会反复确认。虽然是一个小规模分享会，但是活动前一天，又一山人也亲自到了现场调整PPT和活动流程，他的认真让我们不敢懈怠。因为工作，他的分享会我没听完，但记住了其中一段：台湾作家王文兴坚持25年的不停写书，又一山人说原本以为自己很勤奋，但在王文兴面前他觉得自己渺小了。又一山人说：“试想现在年轻人3年连做同一个工作都急于跳槽，谁还能坚持25年，做一件看不见结果的事情。”当时听到，我觉得他在说我，因为其实仅工作了小半年，遇到了困难我就开始心定不住，浮躁地想打退堂鼓了。

25场活动的的最后一场是新兴的民谣歌手程璧，我听着她唱了整晚的歌，听着她讲自己如何告别大学生活，独自前往东京生活，如何一边工作一边创作歌曲；还听着她说接纳人生所有的一期一会，珍惜所有此时此刻的悲喜。活动结束后，乌压压的人群散去，看着志愿者们开始认真清理现场，突然想到半年前我也是从成为一次活动的志愿者开始的。

当25场活动结束，我见识了各种各样的人，他们从事着千差万别的工作，追逐着完全不同的生活和梦想。就像那首诗里所写“黄色的林子里有两条路／很遗憾我无法同时选择两者”，每个人都在不同的阶段需要选择自己所走的路。之前的我很想知道的是如何选择一条对的路，如何知道前路的未知会带来什么，但或许这是没有答案，因为世界上已没有所谓一条路叫“完美”，所有的路都充满了或大或小的困难，而随着时间推移，或许任何一种工作最初带来的新鲜感和兴奋都会渐渐消退，取而代之的是需要脚踏实地解决一件件事情，耐住寂寞，不断深入。

新媒体时代的“全民记者”

王与菡　289艺术运营部创意总监

在十几位实习生和志愿者中，我用三分钟挑了梦莹做新媒体。她内敛寡言，却神思敏捷地回答了每一个问题。

2014南方国际文学周期间，白天处理嘉宾和媒体的事，晚点九、十点之后，开始赶着十二点发送的时间编写微信。有时候，我自己都不知道这样疯狂的工作节奏是不是从传统采编到新媒体项目运营的必经阶段，总之，梦莹来了之后，我的节奏缓慢了一点，不用争分夺秒地在十点钟抛开所有未完成的事情，开始写微信。

大新闻时代日渐式微，“专业记者”和“全民记者”的差距越来越小。这一点从梦莹的实习经历中可窥见一斑。她是读文艺学方向的中文系研究生，没有专业媒体实习经历。我们亦没有涉及新闻要素、倒金字塔结构这些专业知识，我丢了两篇稿子，直言这是这场活动中新媒体传播想要的东西，她就完整地写了出来。从最初的结构调整和字句梳理，到她凭着扎实的知识结构和文字基础，写出优美可读而非粗暴拼凑的原创稿子，大抵用了不到一个月。

梦莹用大量时间阅读，这让她显得沉静而有思想。她也坚持运动，甚至严格要求自己养成“晚不食”的生活规律。无论在事业上有没有蓝图，日复一日坚持做一些小事的人，总是难得一见。梦莹是其中之一。

吴 斌

Across穿越杂志社实习

实习成绩单

发表作品：《北纬30°　怪力乱神背在此》

《反腐老将话反腐：建议制定利益冲突法》

刊载媒体：Across穿越杂志、南方都市报

听我言

当你面对层出不穷的新闻不再有疑惑和求知欲的时候，这种麻木是能被感知到的，这种反思也是很有效的。

个人简介

吴斌，南方都市报北京新闻中心记者。一个在北京为一份总部在广州的报纸工作的上海人。有人说南都记者在一起就是一群狼，独自一人就是一只疯狗，正在努力成为一只新闻疯狗。

Lesson 6 政治新闻亦是风景

我和南方报业的缘分不是从“新闻”开始，但冥冥之中像是也有某种神力牵引着这段旅程。我实习的机构是一本名叫《Across穿越》的杂志，2012年暑假，我背上行囊来到这个南方城市时。《Across穿越》创办才一年，我还是这本杂志史上第一个实习生，也是当时唯一一个实习生。

从旅游杂志到政治新闻

旅行杂志不注重热点的追踪，而关注策划的趣味和深厚。在《Across穿越》做过的话题从恐龙、外星人到观鸟、潜艇，从登山者到潜水者，编辑的突发奇想带来一个个话题，从资料搜集开始，便好像自己准备也在下一刻出发，走一段时刻面对奇幻境地的旅程。

第一次在《Across穿越》的采访，是在带教老师陪同下，和广州一个潜水达人约在沙面的小资咖啡馆，听潜水达人讲他如何与鲨鱼在蓝色深海中共舞，在寂静无声中记录世人少见的美丽。

还有一次是做观鸟的话题，从高黎贡山到

厄瓜多尔，从新疆喀纳斯湖到台湾阿里山。我虽不能身临其境，却也在这些观鸟者的讲述中，对世界有了一次新的发现，就好像即使这些话题都是陌生的，但所有的东西都是“美丽”，只是你还没有机会发现。

不是时政新闻不够有趣，只是我们距离核心太远

可那位在潜水摄影界都响当当的达人，在生活中，就和所有不囿于生活庸常的广州人一样，穿着polo衫和凉鞋。但在旅行杂志上看不到生活的常态。每一段旅行的终点其实不是风景，而是回归。

所以我最后还是义无反顾地选择了都市报，即使从此以后，我很久拿不出勇气和任性，赴一场说走就走的旅行了。好几个加班完后的深夜，平躺在出租屋窄床上，试着仅从记忆中，去嗅出那自由空气的味儿。

确实，有时时政记者在追逐一项项政策过后，都有这样的感觉：大部分的时间，我们是在为别人的兴趣而活着，久而久之失去了发现世界以及重新发现世界的好奇心。

当你面对层出不穷的新闻不再有疑惑和求知欲的时候，这种麻木是能被感知到的，这种反思也是很有效的。

于是，你会愿意放下记者的架子。面对一个官员时，摆脱根深蒂固的官本位的思想，把对方和自己都回归到一个普通人的位置，去和他聊历史聊人生，即使这些内容很难说，有朝一日还能登报见世。

我的一位前同事有一次出差回来也跟我们分享她的一个收获：在一次元首峰会的全体会议上，各国领导人都已落座，这时美国总统奥巴马走进会场，大多数国家领导人都纷纷起立排队与其握手寒暄，而一些国家领导人则并没有起立寒暄，而是继续忙着自己手头的事务。

“能够亲眼看到这些细节比坐在办公室里打电话或者听专家讲解有趣太多了。”她说，不是时政新闻不够有趣，只是因为我们距离核心现场和核心人物太遥远，相较于发迹较早的调查报道，时政报道尚有许多追赶空间。

于是，我明白，要说在《Across穿越》实习经历给我的最大收获，相对前面这些技术层面的所知所感，我想是《Across穿越》教会了我始终愿意尝试从一个有趣和新奇的角度去观察这个世界，只是从看恐龙，看鸟，看山看水变成了观察政治人物和政治事件而已，虽然有些时候他们并不那么可爱。如此，政治新闻亦是一段奇妙旅途，而我还没准备好回归。

再大的挑战，他也能挖到乐趣

杨嘉敏 《Across穿越》资深编辑

还记得吴斌在《Across穿越》实习时的第一次采访，潜水达人约我们在沙面星巴克见面，地铁上，吴斌问我："到星巴克的人，应该都比较有钱吧？"当时看着这个一脸稚气的男生，心想真是个单纯的孩子。如今竟然涉水政治新闻，且乐在其中，实在是始料不及。

2012年的夏天，吴斌利用暑假来《Across穿越》实习。《Across穿越》隶属《南方人物周刊》，我们这里是没有坐班习惯的。但是吴斌在整个实习期间，几乎每天"打卡"般准时出现在办公室，通常夜晚才离开，以至于连南方人物周刊的主编徐列老师都记住了这个实习生。这个就读于复旦大学德语专业的上海男生，没有一般人眼中上海人的娇骄之气，他勤奋努力，不放过任何一个学习机会。

他得知南方报业给他面试机会时，正在离开上海的火车上。听到这个激动人心的消息，他立马在杭州下车，返回上海，买上第二天飞来广州的机票……我还很记得当我采访完坐在星巴克小憩时，他打来电话告诉我被报社录取的好消息！

来广州报社总部接受培训的三个月，我反而见吴斌不多，新的环境给予他很多新的未知与挑战，而他也非常投入。他很快和一起入报社的新人打成一片，小伙伴们给他贴的标签是：呆萌。当时我的第一反应是“贴切”。培训结束后，他被分配到南都北京站，短短一年半里，他已经两次采访两会还有博鳌论坛，还跟随李克强总理出访欧洲，对一个新记者来说，可谓机遇和挑战并存。貌似风光的背后，我看到他也有辛苦和焦虑，茫然和失落，但我坚信他会越走越顺的，因为吴斌有个性格：干一行，爱一行，再大的挑战，他也能挖到乐趣。

现在的吴斌更忙了，他也很少跟我说自己的开心与烦恼了。当一个男孩子逐渐成熟时，他应该是会变得更加内敛和隐忍吧。

彭文蕊

南方日报经济新闻部实习

实习成绩单

发表作品：《粤产业扩散趋势加剧》

《欧洲“失去翅膀” 广东民航旅游业受拖累》

《栖息在都市里的自然保护区》

刊载媒体：南方日报

听我言

于我而言，实习更像是进入了一所没有围墙的大学，它给了我一个接触社会的机会，让我不停地思考自己与当下时代的关系。

个人简介

彭文蕊，一个性格内向不善交流的人，选择了一个永远充满激情的专业和职业，并在这条路上不停地寻找最适合自己的位置。曾短暂地供职于南方日报，后转入一家传媒公司做企业内刊，仍厚颜地以媒体人自居。

Lesson 7 实习像是进入一所没有围墙的大学

从第一天报到、第一次写稿到第一次独自出差……一个个片段串起了2010年4月—6月在南方日报经济部的短暂实习生活，那是我第一次近距离接触南方报业。

实习第一课，做新闻态度要严谨

报到那天，是2010年4月2日。此前，对实习部门有过很多幻想，想过机动部、文体部、时政部，唯独没有想过经济部。在拿到实习生证，看见部门那一栏写着“经济”二字时，紧张了很久，觉得又得从零开始了。所幸我的指导老师景小华，负责的是政经类新闻报道，不是我看不懂的财经。但当天回到学校后，我还是默默地买回两大本《经济学原理》。

接到的第一份任务是采写世博会开幕前上海机票、酒店的价格趋势。当时，景小华老师已事先把文章的框架和大致要采访的内容讲清楚了，但写出来的初稿仍像是一堆数字的堆砌。经老师再次点拨后，才战战兢兢地赶在截稿前交差了。第二天，景老师把我交的稿子打印出来，并在这不到1000字的消息中找出了大小错误30多处：标题没打到点，消息头不规范，导语不够精炼，部分语句不通，还有错别字……他一一指正，却没有半点责备。

景老师第一次手把手的教导，让我时时警醒自己不要犯最低级的错误，稿子写完后一定要自己认真地从头到尾读一遍才能上交。虽然记者交稿后还有编辑、校对等人把关，但一定要把自己当作最后一个把关人，才能从源头上避免错误。

实习第一课，学到了最重要的东西：做新闻，态度要严谨。

从“豆腐块”到“大稿”

实习第三天，开始第一次单独外出采访。采访内容是《广东省出租车管理办法》宣贯会议。采访前查阅了相关资料，大概了解了会议的新闻点，在会议现场和记者问答时间，就有了针对性，会后写稿也就少了份紧张，多了份从容。也是从这次采访后，开始养成提前准备背景材料的习惯，开始注重新闻敏感的培养。

第一次参与财经稿件的写作，是冰岛火山爆发以后，广东民航业、旅游业受到严重影响。景老师说，找准点，这会是一篇很及时的“落地稿”。但冰岛火山爆发是在4月14日，而这篇财富稿拟见报时间是4月24日，要做到稿件有深度又不失时效性，稿件的由头就显得很重要。想到这一点，在组织稿件时，就选择了当日有关专家对火山灰的全球影响的概括作为开头，从整体到局部，自然过渡到对广东的影响。第一次与老师合写深度稿，开始学会思考分析和谋篇布局。

火山爆发后，航空业成为受火山灰影响最大的行业，制造业、旅游业又是高度依赖航空运输的行业。这对于外贸大省广东和对外交流广泛的长三角地区而言,展会、旅游、物流等相关行业是否会被波及？环环相扣后的思考，就是这篇稿子的落脚点。

紧接着开始着手第二篇深度稿，深圳福田保护区的绿版稿件。一开始，因为觉得是绿色新闻，就很自然地从环保的角度作为切入点来采访和组稿。景老师立马提出修改意见，我才意识到，与一般的环保题材不同，绿版聚焦的是广东“调结构、促发展”的主脉络，是从经济的角度谈环保。于是重新调整框架，查找资料，舍弃不相关素材，突出环境保护与经济发展的相辅相成，重点一目了然。文字不在多，在于精。

从“豆腐块”到财富、绿色、产经“大稿”，从电话采访到实地采访，从与老师合作到独立写稿，从学习拟标题斟酌导语到谋篇布局，每一次改变都是一种进步。特别是冰岛火山爆发后写的那篇稿件，教会我在发生一件重大事情后，如何找到与所服务的媒体的契合点，即新闻讲究的帖近性。

实习，是很多学子接触媒体的第一步。有人因为实习，更加热爱记者这份职业；有人通过实习，揭开了神秘面纱，从此疏离。于我而言，实习更像是进入了一所没有围墙的大学，它给了我一个接触社会的机会，让我不停地思考自己与当下时代的关系。

我们都曾是实习生

景小华　南方日报原记者

几番重读彭文蕊的文章，如同品咂一段美好而易逝的青春，而我，有幸出演了这样一段角色，就像前人一样，我也曾经善待了后来者。

因为选择了一个专业，我选择了一份报纸——《南方》；因为这场青春的邂逅，定居在了想过N种可能却从未想到的这座南方城市，在289大院生活了12年。如今虽以"前南友"之一自居，但，记忆中，青春因南方充满喜与悲，道路因南方而充满偶然。

在这个5月12日——汶川大地震的祭日，回想7年前，自己3次请缨奔赴灾区的壮士一去兮的豪气；在那个不平静的2008年冰雪灾害中，天天挤过人海重围进入广州火车站指挥室的经历；入围2008年北京奥运珠峰营地取火采访线路时的激动；在彭文蕊实习的2010年的那个春节前后，历时两月准备，前往美国旧金山、斯博坎专访两市市长，深究旧金山绿道前世今生和斯博坎母亲河由黑变清背后的故事；负责旅游采访时跑遍大江南北、集结《走遍广东·典藏岭南》一书出版的经历……在这里实习，是一笔宝贵的精神财富。

我们，曾经南方的实习生，曾经的青涩小生，曾经怀揣新闻理想直奔新闻专业主义而去的青年，如果，沧海桑田，只能在雨夜踯躅回望南方。当年南方地震采访第一人——江南女子赵佳月，如今在苏州拙政园旁开起了民居馆。自命不凡也罢，小日子也好，在时间的河流里，我们带着实习予以我们的痕迹，带着曾经经历的故事继续流淌。

刘宽

南方周末上海站实习

实习成绩单

发表作品：《虎妈后传》

《有谁真正在意高耀洁》

《哈金，没有国家的人》

刊载媒体：南方周末、人物杂志

听我言

把一个事件、想法或者灵感，变成动人的故事，再变成一种情怀留在读者心中——这个过程是记者这份职业中最美妙的部分之一，而保证这一个过程的，正是由信念支撑的行动力。

个人简介

刘宽，特稿记者。美国波士顿大学新闻系硕士，华东师范大学新闻系学士。曾任上海东方卫视《东方直播室》编导、美国哥伦比亚广播公司（CBS）新闻编辑室实习生、美国公共电视台（PBS） World Channel实习制片人、PBS波士顿音乐纪录片节目（WGBH Music）摄影师、美国广播公司ABC多媒体实习记者。

很多实习生在进入南方周末之前对这份报纸充满憧憬，而无知如我，在实习之前并不读这份报纸。对于刚刚挣脱了高考束缚的我，最重要的事情是去经历那些曾经不被允许的事情——烫一个不适合自己年龄的头发，谈一场不需要未来的恋爱，熬几个没有必要的通宵……

我当时并不知道自己为什么要学新闻，只是觉得“女记者”是一个既知性又酷的词。晃晃悠悠到大二，突然觉得如果自己到了大四毕业那天都还是不知道自己将要处于一个什么样的行业中，我怎么知道我要不要转行。

激情让我获得不重复的生命体验

我成为一个真正的“实习记者”的转折点是跟一位老师一起做关于中国成为世界第一“输液大国”、一年当中“人均输液八瓶”的报道。在利益的驱动下，医生会让很多没有必要输液的病人去输液，并且过量使用抗生素。时间紧迫，指导老师随口问我一句：“要不你去医院输液室看看情况？”

也许指导老师并没有打算从我这里得到太多材料，但是我立即放下手边的一切，去了离学校最近的医院，之后写了一份详细的输液室现场报告，包含了很多详细的细节，如：“由于病人多，一次性输液器和一次性注射器用量均很大，短短一小时内，笔者就两次看到工人搬进来数箱输液器。”“记者采访了24人，发现他们尽管分别患有感冒、尿路感染、哮喘、支气管炎、肺炎等不同疾病，但用药却很相似，其中有17人使用了注射用盐酸头孢替安，4人使用了阿庆霉素。”

当时写这份报告是为了方便指导老师写作的时候参考，但是没想到这篇报告成为了我第一篇发表在《南周》上的文章。后来我独立完成了乔布斯逝世时上海部分的报道、独立采访了脱口秀演员黄西、主动深入调查复旦学生自杀事件等等，我在实习中完成了从被动接受任务到主动行动的转变，而行动力恰恰是一个记者最重要的品质之一。在我看来，把一个事件、想法或者灵感，变成动人的故事，再变成一种情怀留在读者心中——这个过程是记者这份职业中最美妙的部分之一，而保证这一个过程的，正是由信念支撑的行动力。

保有这份行动力，关乎一个记者的专业素养，更关乎一个讲故事的人最最原始的激情。激情支撑我去克服报道中的千险万难，让我获得不重复的生命体验，最终积累成一份人格中的力量。

南周的实习给了我记者的基因

时至今日，我还带着当初冲到输液室的那股冲劲、细心观察的敏感度和积极记录的习惯，去完成我可能去实现的故事。2014年12月，我坐在从波士顿到纽约的大巴上，准备第二天晚上在纽约的采访。我撰稿的《人物》杂志编辑张卓向我感叹了一句："明天早上陌陌在纳斯达克上市，早知道让你早点去纽约也顺便写一篇这个就好了。"我的第一反应是：写。

我没有任何财经类的背景知识，连纳斯达克和纽交所是两个不同的地方都不知道；我没有联系好公关，连能不能采访都不知道；我并不是"陌陌"的用户，甚至连它的创始人叫唐岩都不知道……带着所有的未知，我临时联系"陌陌"公关，联系同行，连夜恶补企业上市的知识。我了解到"敲钟"是上市的重要时刻，却还不知道在纳斯达克，所谓"敲钟"其实只是按下一个按钮……

即使如此，第二天清晨我还是扛着照相机，背着笔记本电脑，拿着笔记本，踩着高跟鞋，准时出现在了纳斯达克门口。也许是我的理直气壮让人没有怀疑我的身份，在常规安检后我进入了纳斯达克，走到了唐岩身边自我介绍。

一整个上午我都在他身边，观察他用不流利的英语尝试交流的尴尬、敲钟时抓过儿子的手的迫切、作为中国互联网新贵的兴奋。

在轮到其他媒体他们的独家采访之前，我已经来到了时代广场一个咖啡馆的小角落里开始我的写作，我写他的举手投足，写他的欲望和野心，写他身上那些由互联网带给一个小镇青年的戏剧性改变。在“中国时区”的人们起床之前，我已经完成了写作。《唐岩敲钟了，唐岩笑了，唐岩始终大摇大摆》成为了当天关于“陌陌”上市之后最早的详细报道，在微信上的阅读量很短的时间就突破了两万。

从一个被动又迷茫的大学生，到一个坚定地去执行所有可能性的年轻记者，南周给我打下了最坚固的基础。如果说选择一个职业是某种意义上的新生，那么南周的实习经历给了我作为一个记者的基因。这个基因让我本能地去感受、去传递、去创作，在一次次曲曲折折的行动中，感受故事之美，探究生命最本质的意义。

加油吧，女汉子

刘俊 南方周末记者

几年前，在南周上海站实习的时候，刘宽还是华东师大的一个学生，现在她已经变成了一个横跨中西的国际化记者，她的故事说明了只要有野心肯下功夫，人生带来给你的精彩将远远超出你的想象。

她总是可以在你一筹莫展的时候找到你想要找的人。这或许得益于她开朗的个性。她很容易跟陌生人打成一片，她的执着认真的劲儿也往往能让采访对象卸下防备。采访突破的基本功，她早在南周实习的时候就练就了一身。

她不是那种安分守己的人，否则也就不会放着国内那么多好的工作机会不要，去美利坚求学。这一试试出了不一样的人生。

她也似乎一点一点地找到了人生的方向：做一名职业化的国际记者。她既有国际视野，又有本土情怀，对宏大叙事，她游刃有余，对于小众题材，她亦兴趣盎然。印象最深的就是她后来的那组美国女巫的新媒体报道，从文字图片和摄影全部一个人操刀。

中国的女记者很多，但像刘宽这样学贯中西的年轻鬼才的确并不多见。加油吧，女汉子。

担当

汤蕊妍

南方都市报深圳新闻部实习

实习成绩单

发表作品：《13岁少女怀孕　16岁少年被判强奸》

《业委会“洋主任”深圳头一个》

刊载媒体：南方都市报

听我言

和采访对象的交流多到远远超过了完成一篇完整的报道所需要的内容，哪怕是报道结束了，还会继续跟进，写不了稿没关系，关键是踏踏实实地实现我说的“担当”。

个人简介

在南都深圳新闻部实习了两个月，我就知道自己以后一定会走媒体的路。2012年10月，我回到南都深圳新闻部跑社区新闻，从杂乱不堪的城中村，到高端洋气的商业圈，从赤贫潦倒的老百姓，到身家百亿的富贾，每次接触带来不同感悟，这些人和事伴我走过漫漫长路。

Lesson 9 别为了稿费，忘了担当

不管能不能出去跑料，早到报社是铁律

我这个人，记性相当差，如果没把工作安排一字一句写在笔记本上，是绝对不可能记得当天要干哪些活儿的。结果经常造成拖延症，久而久之，现在都成"老油条"了。回想一下过去那个坐在南都深圳站老报社四楼打印机位上的实习生，虽然不过三年时间，但感觉像过了三十年。谁让媒体人就是和时间抢新闻，抢着抢着，感觉比时间老得还快。

2011年，我来到南都深圳新闻部实习。选择深圳的原因很简单，因为我在深大度过了四年的大学时光，所有朋友都在这里，我那么懒的人，不愿意再去新的环境重建关系网了。刚来的时候，当时的深圳新闻部主任陈文定安排陈乐伟老师带我。嘿嘿，那时客气得尊称他为老师，现在都不拘礼，直接叫"乐伟哥"或"乐伟"了。但乐伟哥考虑到让我多跑跑料，就让其他前辈出去跑料时，能带上我就让我一起去。但大多数稿子带实习生不合适，一来是怕我会耽误事儿，二来是前辈们早就开始着手进行，我突然加入的话不清楚前因后果，也只

会惹来一头雾水。即便如此，我仍然每天一大早从南山桂庙新村坐公交转地铁，赶在8点前去到位于福田科学馆附近的老报社。那时干劲十足，够热血，这也算是当实习生的一种责任感吧。毕竟我就是去学东西的，哪怕是打杂，也是一种积累，听听前辈们吹水，也是长见识。不管能不能出去跑料，反正早到报社，是我心目中不成文的实习生铁律。但经常都是在报社里坐一天，没人带我出去，我又不好意思主动开口，怕打扰前辈，现在想起来，那时的自己好羞涩啊，怎么就出落成如今这个大大咧咧的大龄未婚女汉子了呢？

有担当的记者应尽量不让当事人受到舆论的过度伤害

除了我以外，摄影记者陈文才也是“早起的鸟儿”。那天，才哥刚准备出去，随口问我一句：“要不要跑料？”我马上兴奋地跟着他走了。他说，每天看你那么早来，觉得不带你出去真对不起你。当时我真有种守得云开见月明的感觉啊。那天带我跑料的是李晓敏老师，如今也是唤他为“敏哥”。敏哥接到了一单当事人家属报的料，正是这个料，让我在实习期第一次感受到了媒体人的担当。在车上，敏哥没有和我说报料的具体内容，去到才知道，有个13岁少女“被强奸”还怀孕了，报料人正是她的父亲。当时女孩已经怀了21周，看到她微微隆起的小腹，我很心疼。考虑到当事人是女生，敏哥怕女生会对异性有抵触，就让我在房间里单独面对她，他们则回避到室外。其实，当时我特别紧张，因为女孩很内向，我怕踩到雷区会伤害到她，毕竟当时她父亲斩钉截铁地说，是一个16岁的男生“强奸”了自己女儿，这肯定会给当事人留下难以磨灭的阴影啊。那时我觉得，我的使命就是要让“受害者”发声，声讨施害者，这，就是职业媒体人的担当啊！

整个采访过程我小心翼翼，生怕她会突然哭出来。要知道，我最怕女孩子哭了，真的不会哄啊。但是出乎意料，女孩毕竟还是个孩子，不懂说谎，结果从她嘴里吐露的情况看来，真相并非她父亲所说的那样是男生“强奸”了她，而是男生和女生偷吃“禁果”玩出火了，算是你情我愿。虽然从法律角度上看，男生因为年满16周岁，无法逃避刑法的制裁，但法庭应可以酌情考虑减轻刑罚；但如果家属方提起强奸罪指控，具有完全刑事责任能力的公民与未满14周岁女子发生性关系，无论女方是否自愿都有面临强奸罪定罪的可能。当时让我印象深刻的是女孩父亲说一定要起诉男生，“让他赔钱”。当晚，我不带一丝主观色彩地把从女孩口中了解到的发生关系的全过程写出来，交给了老师。

睡觉前我还在回想当天采访的所有细节。记得她父亲说，她有个弟弟，夫妻俩把更多精力留给小儿子，以至于女儿小学毕业后就辍学，他们也没太在意。这个悲剧中，过错方应该是疏于管教的父母才对啊。如果这种丑事发生在自己身边，我是绝对绝对不会希望被曝光的。因为我知道，一旦曝光了，就算女孩赢了官司，但全国人民都知道了，即便匿了名打了马赛克，女孩家周围的人肯定知道是她，这么传出去，她的名声不就毁了？难道父亲是真的为了给女儿维护权益而曝光“家丑”？还是他想用舆论的压力让男方赔钱？

第二天，我写的那部分全部见报了。敏哥采访了心理专家，在她看来，父母失职才是导致悲剧发生的最主要原因。在微博上，这条新闻瞬间被转发一千多次。不少网友言辞激烈，直言少女“不懂事”，“太放荡”。我只能庆幸，女孩不懂得上网看微博，不然看到这么多人骂自己，她怎么受得了？

在我学习新闻传播理论时学过，一个有责任心、有担当的记者应该要考虑到新闻的传播效果，尽量不让当事人受到舆论的过度伤害。不可否认，记者要还原事情真相，听到什么写什么，但是，我知道，这是父母关爱的缺失导致女孩做出这么“不懂事”的举动，父母还把自己推向风口浪尖。她真正需要的，不是成为别人茶余饭后的谈资，不是一场必胜的官司，而是一份家庭的温暖。但是这些，报道给不了她，反而让她莫名承受更多非议。不管她知不知道，这些谩骂都是存在的。而更可悲的是，她父亲居然要让她把孩子生下来“作为证据”。一个缺爱的家庭，怎么可能让一个小生命有爱呢？当时的自己，没有想太多，也没能力做太多，但是这件事一直提醒着我，如果再遇到这样的报道，我要更多考虑到舆论对当事人的影响，也要为当事人想办法找人解决问题，真正帮到他们，哪怕是耐心和他们沟通，让他们知道，有人故意发泄，当务之急是找人解决问题，而不是写完稿就拍拍屁股走人。

那次采访完怀孕少女后，我没有机会再接触到她，也不知道她后来生了孩子没，过得怎么样，父母有没有更疼爱她。现在三年过去了，女孩才16岁，那么年轻，不知道有没有人可以引导她走好人生路。当年作为实习生的自己，能想到的、做到的，真的很有限。

能帮到他们，就是我的成就感所在

因为惦记着这次报道，在正式工作后，每次处理类似家庭“丑闻”的报道几乎都是全程跟进。哪怕是有一点舆论反应不如当事人所想象，让我被骂到狗血淋头，我也依然可以继续帮当事人联系相关部门或组织解决。记得报道20岁单亲妈妈打工赚钱还早产儿医药费时，尽管报道侧重女孩坚强有担当的一面，但当事人还是在网上看到很多谩骂她对自己不负责的言论，她担心继续跟进报道会让自己承受不了舆论压力。但是考虑到她的个案引爆南都报料热线，两天内有400多个电话打进来要捐钱，这表明，市民非常关注她的情况，我有责任向市民公开汇报她作为受助人的最新情况，所以我也要安抚她，不要把指责过于放在心上，当务之急是要筹够医药费，并合理处理善款，将信息公开透明化，善款够了就及时喊停。即便现在报道早已结束了，我一直都和当事人保持着联系，了解她孩子的情况，问问她善款够不够用，如果不够了，就想办法在线下解决而不是通过见报来呼吁捐钱，不让公众以为是这个小姑娘太贪心。所以，更多时候，和采访对象的交流多到远远超过了完成一篇完整的报道所需要的内容，哪怕是报道结束了，还会继续跟进，写不了稿没关系，关键是踏踏实实地实现我说的“担当”。表面上，我没有半点好处，还倒贴了时间和精力，但心理上得到的满足，是稿费不能给我的。能帮到他们，就是我的成就感所在。

圆润自然的面皮下，包藏着甜美的馅

陈乐伟　南方都市报深圳新闻部记者

“叫我汤圆吧。”汤蕊妍第一次见到我时，就这样说。我觉得这名字挺有趣，直到后来我才真正了解“汤圆”这个词的意思。

采写突发新闻是一条能让媒体新人快速成长的道路。火灾、车祸、枪击、跳楼、谋杀……突发新闻记者一上路，接触的就是这样的刺激神经的事情。见惯了这样的场面，采写其他事情，都会觉得那些是小case。

突发新闻组实行轮班制度，十余记者按照顺序轮流接受报料、采写新闻。我带过汤圆跑过几单事情，其他时间，我鼓励汤圆多跟其他突发新闻记者出去，见识更多的场面。

作为记者要能在各种角色之间切换，有时记者要成为透明人，有时则要从现场的背景中跳出来，成为“搅局者”。

2011年11月，我带汤圆去龙岗客家文化馆暗访，这里被人投诉把文化馆的场地用作私人用途。开始汤圆跟我扮作游客，汤圆隐藏好自己，不显山不露水，但她一直在边上默默观察，暗访完成，我们才表露了身份，此时她才从“隐身人”变成尖锐的提问者，回到报社后，写了一篇稿件。

之后我们一起去采访一起因手足口病导致的幼儿死亡事

件。我们要找到死者的父母，进行采访，因为之前没有联系过，主动找上门去，很容易被拒之门外。此时记者要特别注意采访方式方法。汤圆在现场体现出了一名女记者的优势，适当地表达自己的同情心，适时地安慰死者的亲属，上门时是一位慰问者，接着成为一名倾听者，偶尔才是一名采访者，在帮助家属排遣情绪的时候，获得关于事件的信息。采访进行了近一个小时，死者的母亲没有表现出抗拒的心理，在现场边流泪边讲述女儿的事情，我知道这种讲述有利于她舒解自己郁积的情绪。对于汤圆的表现，我很欣慰。

内敛、沉稳，偶尔也会露出姑娘的羞涩，这是平时的汤圆，但在采访时，你会见她圆润、善于应变的一面，正如一枚圆滚滚的“汤圆”。

习宜豪

南方周末新闻部实习

实习成绩单

发表作品：《砸车者蔡洋生存碎片》

《传销新“圣地”》

刊载媒体：南方周末

听我言

实习过程就像闯关打怪一样，只可惜时间太短，感觉还没有成熟，就要独立承担起记者的责任。

个人简介

习宜豪，河南洛阳人，毕业于河南大学。2012年10月起在南方周末新闻部实习，现为南方周末的调查记者。不太喜欢运动，偏偏对文字有感觉，常常为写不出好故事而痛哭流涕。爱思考，希望用锐利而洞察的眼睛以及深刻而清醒的头脑，记录这个时代行进的声音。

Lesson 10 实习就像闯关打怪

寻找原始驱动力

“西安‘9·15’砸车事件中，嫌疑犯蔡洋可能是河南南阳人。采访会很难，你去碰碰运气吧。勤奋一点去扫街。”2012年10月8日，南方周末报社头版编辑杨继斌老师打电话给我。

之前在广州，我与杨老师有过一面之缘。对杨老师，我当时崇拜已久。

那天是周一，采访的记者还在西安。当时我正在学校上课，挂了电话，匆忙借了录音笔和相机后，就马上出发了。

第一次“担此重任”，自然是满怀“激动与压力齐飞”之心。在去往南阳采访的路上，我就开始思考这个选题。

美国码头工人哲学家埃里克·霍弗在他的名著《狂热分子》中写道：“如果一个人觉得自己是可鄙的，他就会狂热地攀附上宏大的东西。”至于砸车的蔡洋，有可能也是如此。我当时的判断是，蔡洋可能是生活在底层的农村青年，没有受过教育，再加上环境因素，可能会导致“砸车”行为。

爱国游行的现场人山人海，为什么偏偏是

蔡洋砸车伤人？砸车背后有怎样的原因和逻辑？蔡洋砸车不可能是一朝一夕形成的，在他成长的过程中，哪些因素为其“砸车”行为埋下了原始驱动力？

和我合作的记者陈鸣这样解释这种原始驱动力：就像写莫言要从他的饥饿写起，因为饥饿是莫言写作的原始驱动力——为了每顿饭吃六个馒头。而对于蔡洋，因为被遗忘——从家庭领域被遗忘，从学校里被遗忘，从社会里同样被遗忘——所带来的失落感，是他做出这样的事情的原始驱动力。

陈鸣当时已经是南周名记，写过《差生韩寒》《方法：方舟子与他所影响的论战法则》等名篇。他告诉我，如果写一个事件，应该观察里面的人，如果写人，应该仔细考察他经历的事件，将他经历的事件缓慢展开，而并不是急于想要向读者证明什么。他认为，“这是一种写作的方式，意图是让读者理解到这个人做出这件事情最原始的驱动力”。这些启发成为了我以后撰写报道的方法论。

我到达南阳时已是晚上10点多钟。我几乎一夜没睡，查阅各种资料以及路线地图，初步确定蔡洋的老家位于南阳近郊的蒲山镇一个叫张庄的村子。

只有一天的时间，采访相当紧张。为了赶时间，第二天一大早，我找了一个摩的就出发了。

采访并没有想象中的顺利，仅蒲山镇叫张庄的村子就有四五个。起初，我用最笨的办法来做，由于几个村子相距甚远，找完两个村子已经快中午了。

我意识到如果一个一个搜索，可能找到已经天黑了。后来，我返回到蒲山镇政府寻求帮助。由于年龄相仿，当时又是一身学生装扮，就佯装是“在西安砸车，最近被抓走的青年”的很多年没有联系的同学，受同学们委托前去家里探望。那时刚好遇见了一个比较热心的官员。他帮我最终确定了蔡洋老家的位置，并为我找到了和蔡洋同村的、前来镇上办事的村民。

最终，我坐着摩的、绕着山路来到蔡洋的老家。我记得那是一个和中西部大多数农村一样偏僻而贫瘠的小山村。家中的事物并没有因为蔡洋出事而停滞下来。蔡洋的父亲到外地打工，母亲和亲戚在种田。

探究蔡洋砸车的原始驱动力并非那么容易。央视《新闻调查》的制片人赛纳曾提出真相的观点。他认为，所谓真相就是正在或一直被遮蔽的事实：有的真相被权力遮蔽，有的被利益遮蔽，有的被道德观念和偏见遮蔽，有的被我们狭窄的生活圈子和集体无意识遮蔽。

采访蔡洋家人的难处在于，无论是蔡洋家人还是邻居朋友均一致地隐瞒真相，自动屏蔽了有关蔡洋不好的一切。蔡洋的母亲是一个典型的农村妇女：腼腆、善良，没有受过什么样的教育，一心想着如何“搭救”儿子。她只向我呈现蔡洋光鲜、温顺、善良的一面，甚至连其家族的精神病史也隐瞒了。

后来，我利用自己所学的法律知识，向其家人解释了我国刑法对间歇性精神病犯罪的相关规定。经过近两个小时的软磨硬泡，最终打开蔡家人的心扉，采访到了丰富的内容，也和蔡家人建立了不错的关系。此后很长一段时间里，蔡洋的妈妈也经常打电话向我咨询各种问题。

最终，我和陈鸣一起撰写了《砸车者蔡洋生存碎片》这篇文章。这也成了我在南周实习并最终入职南周的敲门砖。南周编辑部认为，愤怒的底层青年，狼奶教育的后果，广场上的乌合之众，现实社会中的狂热分子诸多与中国现实深切相关的命题均在此文中得以展现。

可以说，在南周实习的这半年多时间里，我有幸打开了新闻的另一个世界，这对我的职业选择也起到了启蒙作用。

实习过程就像闯关打怪一样，只可惜实习时间太短，感觉还没有成熟，就要独立承担起记者的责任。跌跌撞撞走过来，现在我也成为了南周的传灯人，开始带一轮又一轮的实习生，或许南周的基因就是这样在一代代人之间传递。

能独当一面的实习生

史哲　南方周末编委，评论部总监，新闻部原总监

在我的印象里，在有实习生参与并获得南方周末年度新闻奖的报道中，只有两个实习生因为他们的表现，获得了不亚于正式记者的承认与尊重，习宜豪就是其中之一。

事实上，至今让我回忆小习的代表作，我能冲口而出的依然是那篇《砸车者蔡洋生存碎片》。在那篇报道中，《中国青年报》以日报的优势抢先发出了报道，但可惜的是连蔡洋的名字都弄错了，而小习在那次报道中，带给了编辑部一连串的惊喜。他当然搞对了蔡洋的名字，而且几乎找到了和蔡洋有关的大多数关键的采访对象。

我相信，多年以后当人们重新想起那场反日风暴，一定会有很多人去找这篇报道。当然，他们可能不大会在意那个实习生是谁。

他的合作者陈鸣曾称他是能独当一面的实习生，对于一名特稿记者来说，独当一面的意思就是"他真的可以让我少跑很多路，少费很多心"。

关于小习，流传着很多轶事。比如他在某地方党报的实习中，生生把他的指导老师写成了该报的"首席"……我很希望这样的轶事能多一些。否则，除非在报纸上看到他，即便他就在你身边，他都不会有多少存在感。

他曾是最受欢迎的实习生，现在他已经是最受欢迎的记者了。这不仅指南方周末，还有许多想继续做调查、深度的媒体同行。

冯璐赟

南方都市报文化副刊部实习

实习成绩单

发表作品：《十载下乡，一世难忘》

《三多轩：一笔一纸，留住传统精华》

刊载媒体：南方都市报

听我言

谁都知道你是新人，菜鸟都是要来这个环境浸淫和成长的，不要因为害怕出错而畏首畏尾。

个人简介

在我的整个青春里，跟南方报社289大院九曲十八弯的缘分，占了大半部分的岁月。青春终将逝去，当纸媒态势“江湖日下”之时，我像是抓住青春尾巴一般，重回289，成为南方都市报时尚内容部记者。我希望为自己的青春写下这样一个明确的注脚。今时今日，你若问我为什么回来——我当然知道这并非纸媒的好时候，不少同行都在挥挥衣袖、彼此相忘于江湖——我必将以王家卫之语回答你：念念不忘，必有回响。

必先接受小事，方能享受从小事开启的乐趣

大概没有像我这样执拗的死小孩了，“三进三出”的实习之路，时间跨度之长，也许已足够见证和映照南方报业转型之路。

第一次踏入南方都市报的那个冬日午后，是2007年1月17日，在806室文化副刊部与“老南都”余少镭老师短暂见了一面，便跟随他开始了在副刊《城市笔记》和《白话广州》版的实习编辑工作。

当年我从未有过实习经验，一直待在校园里，未免一脸懵懂稚气。如今回想，近乎要拥抱年少时有梦的自己，全身心充满对世间万物的好奇，正因全无计较，才能够像海绵一样吸收更多。近几年，不少媒体实习生抱怨“实习就是打杂”，他们认为实习是学习技能，并非帮媒体从业者干杂碎事情。我想说的是：必先接受小事，方能享受从小事开启的乐趣。媒体是各有专攻的流水线作业系统，你的位置也许只是一个螺丝钉，却必不可少，各在其位，各司其职。实习时，从来不吝于将时间花在收发

快递、订外卖、寄样报等琐碎事情上，它们无关技能，却是态度。有什么样的态度，决定你将有什么样的实习生涯，甚至职业人生。

编辑工作不如记者永远跑在第一线，看似轻功细活，实际却繁琐得需要静得下心、耐得住性子。有时候，会跟实习生朋友交流，在他们眼中，编辑工作细碎无聊，沉闷有余，精彩不足，编辑的身影永远隐埋在别人的文字背后。感谢当初自己那份喜欢文字的纯粹，那些文字的加减、搬运、雕琢、润饰，于我而言，反而成为趣事，犹如一场乐而忘返的游戏。每日在座位上跟实习老师琢磨每一篇文章的标题，文字在传播运用上体现出的乐趣，为我带来了一幅全新的、仅仅单向沉迷书海所不能见的景观。更重要的，是与实习老师成为挚友，当年从他那里得知的老南都人故事、接受的老南都的独立精神，影响至今，是我仍在媒体中载沉载浮的强力支撑。

刚进入副刊实习时，《白话广州》仍处于初创阶段，这是华南唯一一个整版以粤语为书面语言的报纸版面。作为土生土长的广州人，我热爱此地的人间烟火，喜欢那些从唇齿间吐露出来的清脆韵律。当我遇见这个特为粤语文化开辟的版面，从前对于这块土地的感情，开始找到出口，并倾泻而出。不管是版面铺排、栏目设置、作者资源，实习老师都给予了许多发挥创新的话语空间。没错，在此之前，我对媒体一无所知，不免战战兢兢。但是，谁都知道你是新人，菜鸟都是要来这个环境浸淫和成长的，不要因为害怕出错而畏首畏尾。因为自己的大胆提议和指导老师的鼓励，一个月后，我开始了自己的《广州旧影》粤语专栏。满广州搜寻平常人家的老照片，采访他们岁月如梭的留声故事，乐在其中地奔跑在路上，这样的生活持续了一年。

两次与289大院擦肩

第一次实习时间四个月，而粤语专栏仍在继续。当年12月，南方报业校园招聘的落选，让我意识到自身储备有限，于是重回校园，开始中文系研究生的学习生活。课业勤勉，也算兢兢业业。只是当时志不在学院修为，偶尔午夜梦回，向往传媒行业之心终究按捺不住。再次踏入南都文化副刊部，这次实习长达一年，其间经历了南都从老楼搬到如今的新南方传媒大厦。

这次重返南都，正值微博兴起，经营“白话广州”的新浪官微，在开拓作者资源和读者交流上，做出了全新的尝试。而南都在全方位的互联网时代，也开始了自身的转型之路，进入全媒体集群时期。这条道路，算是传统媒体适应时代潮流全身而动的努力。

爱情，是你爱我，我也爱你；命运，是你可以，我也可以。时机像个小恶魔，总爱开玩笑。研究生毕业那年，因故再次与289大院擦肩而过。这一次，我依旧没有走寻常路，如我的同学那般进入机关、事业单位或传统企业，过一种众人羡慕的安稳生活。从此，我成为自由撰稿人。而当时能够得以谋生，继续我热爱的本土文化传播的平台，还是南都给予的。从2013年5月开始，在《白话广州》版面每周特约采写一个整版的广州老字号专题，在走访了近三十家老字号，了解它们在岁月沧桑中消失、沉淀、重生的历史故事后，沉潜的力量震撼心灵，刷新了对真意与价值的理解。世间万物，能够深入人心的，必不是眼前的热闹华美，而是韬光养晦、洗涤心灵所得的永恒之光。在绝大多数的年轻人不再在乎“经典”“老字号”“传统”的意义和价值时，当他们因为看到这个专题微小的文字力量而将目光折回时，这是我的最大欣慰和喜悦。

常常有人提醒我，别不切实际，想想生活本身吧。每每如此，我总想起里尔克的话：“人类有很多臃肿的表情和无比冗长的语言。而他们哪怕只有一个片刻做到像马克·巴塞蒂描绘的美丽的圣人那样的安详、充实，你就一定会发现他们身后也有一片为他们所共有的风景。”

一路折腾去远方

辗转沉浮一年有余，因为文化专题的影响力和编辑的推荐，我再次回到289大院，进入《风尚周报》见习。这次的身份，不再是实习生；然而，对我而言，时尚却是全新的领域，这意味着，一切必须从零开始。除了必要的责任心，必须再次以重新出发的“实习生心态”，开始这份工作。

犯错并不可怕，never be afraid of making mistakes。当你是个新人时，只要勇于、善于提问，总会有人愿意教你。重要的是，敢想，敢做，调动你的脑筋比什么都重要。初进入时尚杂志，对时尚报道的操作一窍不通，而第一次的专题策划和出差采访，便是2013年Elite世界精英模特大赛。从策划方案的构想开始，战战兢兢地从无到有，让我了解时尚报道如何才能立体呈现，避免单调表面；长达一周的跟踪采访，遇到各种无法想象的意外，同行记者的应急处理，为我补充了重要的一课——作为记者在面对突发状况时应该具备的能力。

正当逐渐适应在《风尚周报》的工作节奏，准备转正之时，《风尚周报》停刊。这一次，心下并没有太多的况味，便接受了道路不平、一路多舛的事实。米兰·昆德拉的“生活在别处”，是一个晦涩艰深的文化术语和概念。在过去的漫长时间里，我常常经过289大院，暗自低问：我离你，到底有多远？289曾是我生活中暂时所不能触及的“别处”。后来，我想，很多人都在虚拟的“别处”折腾，活成一首悼词或者一次大团圆。生命不到最后一刻，多数人都不愿意承认自己就生活在“别处”，就像明天永远是未来，昨天一直是历史，我们尴尬在今天。

我不愿意尴尬在今天，因此把种种曲折都当作接近平静冰湖下面珍藏佳酿所必经的暗流骚动。这个“别处”，有我企图触及的种种。在那里，野花在山坡上被风吹掉了颜色，云朵盛开，人们简单相处，自在自由。也许那里有寒冷与寂寞，然而，躺在草甸上仰望星星，沉沉睡去时，在梦里会有满园的蔷薇和矫健的猛虎，提醒我要一直折腾下去。

茨维塔耶娃有诗言：在岁月的迷雾中做什么？等待和歌唱……时机这种东西，并非你所能把握，然而内心所执可以，由此，你会拥有一种温柔的青春，驾驭所有的骄傲和痛苦。于是，去年，我回来了。

很多人问我，你为什么要在媒体人都纷纷转行的时候回来？折腾是我的特性，而新闻也好，文字也好，没有折腾，大概便没有活力。平面媒体的境况，自然是有目共睹，不必赘言。可是，钱钟书说：目光放远，万事皆悲；目光放近，则自应乐观，以求振作。我并不认为，当年让南都雄起的价值，在现世已经被时代洪流湮没。崩坏意味着重建，而核心不变的，是价值。这也许是最坏的时代，也是最好的时代。

很多人没有亲临自己心目中的远方，人就倒下了，很多人已经到达想象中的远方，却还要不断地跋涉下去。我想说的是，谁的路，不是翻过一座座山，还是一座座山呢？

亦生亦师

余少镭　南方都市报文化副刊部编辑

那时的《白话广州》版，是为了响应《南都》“更广州”的口号而创办的。一开始由我这样一个潮汕人来编，完全是赶鸭子上架——我虽因缘巧合，掌握了大量的粤语文字，听白话也基本没问题，但毕竟不是广州人，讲的是一口“潮味”浓郁的粤语，所以，极需要一个广州本土的实习生，同时可兼任我的粤语老师，将纯正的“广味”注入版面，让《南都》真正“更广州”起来。

这任务，更多地落到实习生冯璐赟肩上。也许是生于西关、长于东山的缘故吧，20出头的女孩，有着跟年龄不相称的对广府文化的热爱和积淀。在她身上，我甚至能同时看到西关小姐跟东山少爷的风范。这也使得她跟《白话广州》一拍即合，以比我更大的热情和责任感，拓展内容、设置栏目，通过版面去助推粤语保育，同时也给爱好粤语的外地人提供学习园地。

这一切，璐赟都做得很出色，我更是获益匪浅。很多时候，她更像是一个严厉的老师，一丝不苟地纠正我的粤语发音，搞得我在她面前噤若寒蝉。后来一想，我敢用粤语跟别的广州人无障碍地交谈，不正是这位“严师”的功劳吗？

郑俊彬

南方都市报摄影部实习

实习成绩单

摄影作品：《鹿鸣凤舞》

刊载媒体：南方都市报

听我言

勤快是充分不必要条件，勤快远远不够，专注和思考也是要有的。

个人简介

郑俊彬，1989年生，广东汕头人，在南都实习一年七个月，后入职南都，至今已两年有余。喜爱摄影、历史、书法、数学、音乐、哲学，总之是兴趣太多而时间太少。平时走起路像在跑步，偶有闲情也会仰望星空。

Lesson 12 心的距离比镜头的距离更重要

2011年11月14日，我带着简历和摄影作品，“混”入南方报社。传媒界不是有这么一个段子吗？话说某报社招聘记者，约了些同学面试。可面试那天，好多人从楼下打电话说门口的保安不让进，希望下去接一下。考官说：“如果连这都解决不了的话，就别做记者了！”后来，大部分同学都进来了。然而结果是各种高级黑：翻墙进来的成了狗仔队；讲理进来的成了评论员；软磨硬泡进来的去跑会议室了；撒泼打滚进来的成了主编；硬打进来的顶了保安的位置。

我皆不属上述情况，完全是故作淡定混入了大院，并一路潜至摄影部。能拿到南都实习机会，想来无非三点，一来是运气，二是清楚自己想要什么，三来，确是那头皮较别人硬、脸皮较别人厚的缘故吧。

新闻最重要的前提是人性和尊重

摄影部潘主任安排我去南都江门驻站，开始我的珠三角实习生涯。后来，我去过珠海站、台山站、顺德站，也回过广州总部，反正，算是“颠沛流离”吧。

我跟的南都第一个老师，便是陈平生老师。陈老师在南都已有十一年，他说在南都第七年的时候，才悟出来新闻摄影“简单是最好的”。不过如同吃饼一样道理，吃到第十块饼才饱并不意味着一开始吃第十块饼就能受用，还是得有一个to be的过程。

那时候总把自己的创作冲动误解为创作才能，但这股涉摄未深的冲动却能令我心无旁骛无所畏惧，独善其身拍摄内心的独白与情怀。

记得拍过一场车祸，开摩托车的事主被泥头车冲撞当场死亡，我去到现场的时候死者的女儿正在号哭，本性促使我按捺住相机，不愿凌驾他人之痛苦，一番踟蹰后是文字记者提醒了我：“还愣着干吗，拍呀。”原谅我这初生牛犊没见过世面，女孩的姐姐和母亲都在事故中丧生，她的哭喊声撼动着我，我在现场转了一圈，最后选择通过泥头车底拍摄坐在地上号哭的女孩还有她身旁裹着白布的母亲遗体。拍完，女孩注意到我，狰狞地大声喊问：“为什么拍照？”我不敢答应。第二天这张图片便上了《南都》江门读本的封面头条，这件事就这么过去了，但我仍难以释怀。尽管当时心里是这样说服自己的：我拍女孩是因为事件本身有新闻性，她是新闻事件中的人物云云学院派的破思想。后来琢磨，新闻最重要的前提是人性和尊重，以牺牲这个为代价是多么不堪和幼稚，我所思考的或许应该是尊重人性以及唤醒人性，而不是在怎么拍和拍不拍上做更多无谓的纠结。

一开始模仿是好的，但一直走不出来就是迷路了

大师林语堂说过，艺术应该是一种讽刺文学，对我们麻木了的情感、死气沉沉的思想和不自然的生活下的一种警告。它教我们在矫饰的世界里保持着朴实真挚。循着这份真挚，我碰到了一群高三学生。

前后采访拍摄了一个月，我和他们成为朋友。在稿件出街前夜，我用了德国哲学家拜尔说过的一句话来描述他们："少年像是一个快乐的王子，他不问天多高，也不知人间尚有烦恼，一心只想摘下天上的明星，铺一条光辉灿烂的大道。" 这是他们的心境，也是我的心境。

没有彻夜难眠，没有茶饭不思，更没有恐惧压抑，他们的备考生活欢快得令人羡慕。因为学校是封闭管理的，高考前进入学生宿舍楼拍摄非常不便，最后这班学生竟提出借给我校服，让我"卧底"潜入，装扮他们的"室友"以进行体验式的记录。在学生的帮助之下，我在C 522宿舍共住了三个夜晚。我本着不打扰他们休息的原则，拍摄记录晚间宿舍的生活状态，为他们留下这铭心的影像。

那个暑假，我也是一个快乐的王子，终于自主做出一个跨版的图片专题，算是在实习生涯里交了一份答卷吧。编辑的老师评价说这组专题与拍摄对象心理距离很近。

同样因为追寻这份真挚，我在广州碰到了一群音乐老男孩。他们中大多曾经放下音乐，跑去养家糊口，直到年近花甲才重拾少年

梦想。这是一个打动人的群体。

拍摄看似简单，或说按快门更简单，当快门按得足够多，食指焦虑时，人就不会再躲在相机后方了，相机不再是工具了，而是眼睛和心的延伸，人会摒弃不必要的形式及外表，从而探究摄影的本质。音乐老男孩这个群体，是一个我所未曾触及的精神世界，“世界在音乐中得到了完整的再现和表达”。那些流动的音符犹似烟雾绕过山间漫入田野，存记的不光是曾经的青春韶华，还有那个年代的独特情怀，将他们定格在画面里，音乐并没有因此而停止，而是随同影像一同被定音了。这是实习生涯里的又一收获。

很多行业前辈评价实习生都是用勤快为第一衡量标准的吧，我觉得勤快是充分不必要条件，勤快远远不够，专注和思考也是要有的。贡布里希在《艺术的故事》中提到文艺三杰之一的达·芬奇，大师怎么画出蒙娜丽莎这样的巨作？很多人不知道达·芬奇也是解剖学大师，他前前后后解剖了三十多具尸体，对人体的构造专注得不得了。为了画好脖子，他连喉咙都解剖了，这大概能解释他为什么能发明出渐隐法来画蒙娜丽莎了吧。还有开现代艺术先河的毕加索同志，人家十五六岁就能画出拉斐尔那样的圣母图了，但是后来他作品中的人物怎么就非残即伤呢？这还是那个老套的字眼：创新。不要活在前人的影子里，实习生一开始模仿是好的，但一直走不出来就是迷路了。

现在顺德驻站，已有两年，每日穿行于大街小巷、城区与乡村，往往返返竟差不多把顺德区10个镇的204个村和社区跑了个遍，切身感受到一座城市的活力与灵性。而我手中的相机，有幸被赋予了一种力量，这股力量让我能深入观察这座城市，以及见证这座城市里的人、事与物，而不单单是记录。在我的镜头前，有弱势群体得以申诉和帮助，有精英群体能够发出声音有所建树，当然也有既得利益群体遭受质疑有所收敛。总之，我的工作能有一定的价值体现，而我当初种下的种子也已长成一棵小树，这也让我备感欣慰，也满怀激情。

一说到拍摄就能眉飞色舞的年轻人

宋文辉　南方都市报原摄影记者，21世纪经济报道图片编辑

记得好像是我刚在摄影部入职不久，俊彬问我，师兄，要怎么进去南都实习。我当时推荐了他一个最笨拙却最高效的方法，带上你的照片直接去找摄影部主任潘劲松。因为我知道其实在摄影部里面，天分极高的人是很少的，几乎都是勤勉主动的人。所以人以群分，摄影部特别喜欢这样的实习生，当初我也是这样进来实习的。果不其然，后来俊彬顺利进入南都摄影部实习。他的实习生涯去过广州、珠海、江门、顺德、台山多个站点，这都得益于他让人放心的性格，勤奋踏实。当然这也会让他得益不浅。

你可以在如俊彬一类的年轻人身上看到人的发光点。俊彬是那种一说到拍摄工作就能眉飞色舞的年轻人，我想即使在其他行业中看起来那么有趣的媒体圈里面，随着人们对大众媒体的崇拜的倒塌而变得不屑一顾，能保持对媒体工作的热情的人会越来越少。

更难能可贵的是，他涉猎的领域非常广，如当代摄影、当代艺术、艺术史、哲学和古典音乐。前十来天我去他住处，他放一首肖邦的曲子我听。我之所以非常愿意享受和他在一起聊天的时光，是因为我面对的是一名丰满的人。

积极

肖文舸

南方日报经济新闻部实习

实习成绩单

发表作品：《国际展览局主席蓝峰昨到访世博广东馆：广东是非常有活力的省份》
《旧金山之“道”》
《全倒户乔迁：春节最大的喜事》
《维系海上丝路的技术条件是什么》

刊载媒体：南方日报

听我言

用脚跑出故事，用眼见证事实，用耳认真倾听，用手记录现场，用脑思考规律，用心做好记者。

个人简介

肖文舸，现就职于南方日报经济新闻部，在记者的忙碌生活中不知不觉跨过了“女生就像圣诞树，二五之后要打折”的节点 。不过，想必自会“老当益壮”，愈战愈勇。

Lesson 13

记者的基因一直都在

眨眼间，离我在南方日报实习已经过去5年了。如今，我成为这家报纸的正式记者也有将近2年光景。编辑让我谈谈当初实习的感想，第一反应是老调重弹太久远，可转念一想，那段稚嫩时光赐给自己的财富虽已模糊，但我从不曾否认和遗忘。

用脚跑出故事，用眼见证事实，用耳认真倾听，用手记录现场，用脑思考规律，用心做好记者。这样的基因从实习第一天到现在，不断培养，一直都在。

不论实习生、新人记者还是任何一份职业，没有理由要求别人一下子了解自己的特点和品质。唯有自信自若，默默努力；唯有一直奔跑，时刻准备；唯有踏实做事，真诚待人。机会总要垂青，来了就好好抓住哦。

“小”记者跑“大”世博

南方日报带队记者曾对我说：“你不要把自己当实习生，你跟我们一样，就当自己是记者。”作为南方日报特派世博小组中唯一的实习生，那段紧张而忙碌的采访生活，让我受益匪浅，可谓终生难忘。

我这名小小的实习记者能参加世博报道特派团，得益于报道前五个月的实习。没有之前的积累，这样的机会不可能垂青于我。

五个月的实习中我做过不少办公室的活，跑过不少大大小小的稿件。但无论事情大小，我都会全身心地投入，尽全力将它们做好。

不论是打印材料还是帮部门做PPT到半夜，不论是打十几个电话才能做完一件事还是在报社大楼里送报材料跑来跑去，我想再小的杂事儿也能考验一个人的执行力和条理性。

有时外出采访，步行寻路就能耗大半天；有时还在参加一个活动就收到另一个活动的通知或指示。面对这些，我也会觉得辛苦，但不管做什么，只要是我答应完成的，就会努力去做，并积极完成。因为我知道，要想当一名优秀的记者，这些都是难得的锻炼机会，是成长过程中的必经之路。

记者老师曾对我说："实习不用那么功利。"于是我实习的前一两个月几乎天天在报社看报纸，不是简简单单追求发稿量，而是先学习上版的各类稿件，看看好的报道是什么样的，培养感觉；然后再系统了解报社的运作，提升宏观认识；最后通过外出采写练习自己的反应、判断和笔头功力。

一次次的采访，让我明白，当你瞅准了机会就绝不能让它溜走。不要怕失败，那些不完善不满意的采访经历，那些犹豫与优柔错失机会之后的反省，会让你在以后的采访中变得越来越灵活自如，越来越当机立断。

一般情况下报社记者不带实习生出差，为了能争取到去上海报道世博会的机会，我自己预订了机票，并找好了住的地方，还买了世博门票，就是希望老师能带上我。有的人可能觉得不值得，但我想一方面你需要站在他人的角度考虑，另一方面表明自己诚恳的意愿和充分的准备。就是这样，靠平日的点滴积累以及积极态度，机会，就这样争取到了。

采访大人物，机会就在自己手中

在世博特派报道中，令我印象最深刻的当属“堵截”国际展览局局长蓝峰。

2010年5月3日中午，我和报社记者吴哲从德国馆采访出来，接到指派：“国展局局长蓝峰即将到访省市区联合馆，请前往静候。”我当下迈开大步，径直来到省市区馆广东馆，准备采访。

下午三点左右，架着半框眼镜，鬓角斑白却精神矍铄的蓝峰先生在参观完内蒙古馆后，向广东馆走来。我本准备等他进馆参观后再借机提问。但他正好要从我身边经过进入场馆，此时我们的距离不到一米。于是我兴冲冲地迎上去，开口便说：“Mr. Lafon, I heard……”话还没说完，却被旁边的工作人员拦下，“对不起，我们不接受采访”。在我身边的广东馆会长轻声提醒我：“别着急，先等他参观。”

于是我紧跟参观的队伍，听着蓝峰与工作人员谈论着广东馆的一切。待他们进入4D影院体验时，我得知广东馆将邀请蓝峰为贵宾室赠送纪念品，可以趁人少时采访。此时，一种无名的紧张立刻涌上心头， 我在脑海里开始不断想着那两个早已准备好的问题。

出来了！他走进了VIP室。我背着大书包，手里拿着《南方日报》“世博一册通特刊”， 迅速并不失镇定地笑迎上去，准备提问。但不等我说完，之前曾经阻拦过我的工作人员再次打断我，并把手臂拦在我与蓝峰中间，怒目圆睁道：“我说过了不允许采访！”

霎时，蓝峰先生迅速转身并轻轻推开那位工作人员，朝她摇摇头。蓝峰没有生气， 却带着一种不可拒绝的严肃。他扭头看向我，用眼神示意我继续。那一刻，让我这个“小”记者很感动。

回到新闻中心，难掩兴奋之情，开始向报社的老师们汇报整个采访过程。晚上大家一起写稿时吴哲师姐说：“小肖，真棒！中新社报道说蓝峰今天参观中国馆，但因为预约券发完了，媒体们只能望馆兴叹。看来只有我们想到他会来省市区馆，而且只有我们采访到了蓝峰。”

现在回想当时，也许正是因为我第一次贸然采访被工作人员拦下，给蓝峰留下了印象，所以他才那么友善地阻挡了第二次拦住我的工作人员，并接受我的采访。采访高端人物，难免遇上阻拦，这时记者要大胆、果敢和坚决。不能因为“我们不接受采访”而轻易放弃。常规采访渠道走不通，我们可以听可以看。像蓝峰这样的人物，不能指望有大段的时间从容地谈话，而要抓住任何一个短小的机会发问。机会要靠自己去争取而来。来了，就要抓住它。

在团队协作中成长

优秀的记者不但需要“单兵作战”的能力，更重要的是懂得团队协作，懂得团队的力量。在世博报道期间，我除了自己跑新闻，也作为翻译跟着吴哲老师采访过马尔代夫总统和德国馆总代表等。“你的英语不错，到时可以多联系采访一下到会的国外友人。”这是出发前老师给我的分工与期待。

马尔代夫总统的采访是通过外交部安排的，并表示如需要可提供翻译，但吴哲老师却婉言谢绝了。在专业翻译面前，报社选择了我，信任让我感到无比荣幸和快乐。正因为团队给我的信任，我拿出一百二十分的努力进行充分准备，拿出最好状态，全心集中在我所负责的翻译工作上。

在新闻部，一篇篇报道是在大家紧张而忙碌的键盘敲击声中产生的。对于我而言，这里还有着不同的意义，我不再是一个行为拘谨业务生疏的实习生。在这种大家分工有序、相互配合的工作氛围中，能跟报社的记者老师们像“战友”一样并肩作战，真是非常难忘。

我们的“秘密武器”

吴哲　南方日报经济新闻部记者

对于每一个经常忙到头顶冒烟的记者来说，在你恨不得生出三头六臂之时，有一个得力的实习生是多么让人如饮甘露的事情。

肖大船就是这么一件时时会给人意外惊喜的“秘密武器”。

大船是文舸的别名。百舸争流，舸，大船也。就连邮箱名都取了bigship的ID。初到本部门实习时，大船还是一个晃着马尾青春逼人的小本科。当时部门记者就惊诧于这个每天挂着灿烂笑容的小女生，为何就像一艘装上了超强马达的快艇，似乎永远不知疲倦。无论丢个什么样的活给她，得到的永远是一声清脆明亮的“好啊！”没有那种稚气未脱的学生气，也没有其他实习生的各种迟疑推拖的理由，总是信心满满地接了任务，再稳稳妥妥地完成，让人打心眼里喜欢带着她干活。

慢慢地，我发现，这大船还真是“厚载万物”的不简单。几次涉及到英语采访的录音整理，她不仅清清楚楚地把每一句英文记录下来，并同时附上中文翻译，发音含糊处还用红色仔细标注出来，写上自己对这句话在该语境下的理解。再后来，我们赴上海世博会采访，她自备世博门票和机票，跟着我们奔波在硕大的世博园内，每日披着晨光而出，顶着星光而归，照样嘻嘻哈哈不言辛苦。跟着我去采访马尔代夫总统、德国馆总代表，面对大人物时丝毫不怯场，既做记录又当翻译，不卑不亢，大方得体。尤其是成功“堵截”国际展览局局长蓝峰，更是展现了初生牛犊令人刮目相看的一面。后来我才知道，大船在学生时代已经“环游世界”，在美国做过一年交换生，又在俄罗斯待了半年，人家见过的世面可不比普通记者少咧。

半年的实习时间，肖文舸给部门的每一名记者都留下了极好的印象。所以等到她研究生深造归来，当听说她将正式成为我们的同事时，记者们都像迎接老朋友般的亲切。而文舸也不改“大船”本色，依旧风风火火地奔波在高速公路建设、节假日免费通行、台风救援等一线现场，穿梭于电商大会、南博会、喀交会、海博会等高大上的会场，埋头于工业节能、信息化融合、大数据等枯燥的信息海洋中，又乘着21世纪海上丝绸之路的东风，远赴印度、阿曼和马尔代夫采访，颇有一股“直挂云帆”“乘风破浪”的气概。祝大船越驶越稳、越航越远！

南方农村报实习

代羽

实习成绩单

发表作品：《浅谈三农的改革红利》

《“精养”罗汉果　巧妙打顶收获多》

《“绿色通道”难免费　番禺果蔗仍滞销》

刊载媒体：中国经贸杂志、南方农村报

听我言

现在的我们擅长于做各种各样的规划，对于人生的际遇来说，我们才刚刚开始，很多时候都需要放开自己的视野。

个人简介

代羽，农学专业文艺女青年。2011年在南方农村报实习，后顺利进入报社工作。曾是《农财宝典·种业版》的微博君、微信君，参与组织华南农博会、广东种博会等活动会议，以全媒体形式开展农业行业新闻报道。

Lesson 14 收起卖萌心　一头扎进蔗地里

知道毕业季会有纠结症候群，只是没料到会来得这么早，大三刚结束就纠结起来了。好在实习开始了，纠结也就暂时不药而愈。对于当时的我来说，实习不仅是个锻炼的机会，还是一个影响未来职业生涯的选择。做一名记者，从实习开始，每一次采访结束预示着下一个选题开始，每一个活动结束意味着新的会议论坛将陆续展开，在工作的轮回中，寻求新的突破，在不断成长成熟的过程中完成自我认知的修炼。

行业记者就是要接地气

跟许多大学生找实习工作一样，我也是通过师兄推荐来报社实习的。来得早不如来得巧，刚好赶上报社两年一届的重大展会项目，卷起袖子就扎进了千头万绪的会务工作。因为在学校学生会有一些工作经验，搭建展会志愿者团队的任务就交给了我。一方面着手招募、面试、分组、培训；另一方面与报社前辈兼领导周晓凤（凤姐）讨论志愿者管理、配备。

也是从这个具体的工作点出发，逐渐和报社其他同事“搭上话”。当时正处在会议紧张筹备的阶段，没有像平常那样循序渐进地培训我们这些实习生“新兵”，而是直接抛到了“战场上”摸爬滚打。回想起来，也正是这样高强度的实战，让我更快地完成了学生到专业记者的身份转变。

南农采访是最接地气的，很多时间都是在乡镇、农村、农场等到处跑。第一次下乡采访，是和发行部的同事一起到江门了解甘蔗情况。一人多高的甘蔗密密麻麻整齐排列，果农介绍着用肥情况、产量等。虽然事先列了采访提纲，还是被果农口中“氮磷钾”的肥料术语震惊了。我快速地在大脑中搜索所学过的那点皮毛种植栽培相关知识，尽量不露出马脚。但到了采访肥料经销商时，知识短板就再也藏不住了……

回报社的路上，同行的老记者一直安慰我们，做行业记者就是这样的，多采访几次，多到基层跑跑才能深入行业。后来，每周五的评报会上，常常会听到凤姐苦口婆心的教诲，行业记者要和行业里面的人交朋友。

深入农业行业、农资行业仿佛并不是一件容易的事。曾有段时间，我特别崇拜能与卖肥料、农药的企业和经销商侃侃而谈的老记者，行业政策动向、原料报价、知名企业的产品销量信手拈来。另一方面，总裁沙龙、电商培训等活动方案，招商策划也能出自同一记者之手。到底是做个行业记者，还是做个多面手？一次报社全体会议上，主编陈永的讲话帮我指明了方向，南农全媒体的发展需要复合型人才。复合型人才应是新媒体环境下记者的最佳定位。

2012年5月，我参加南方报业传媒集团校园招聘第一轮小组讨论时，讨论关于外汇经济的话题，一组10人，只有我一个农学背景的毕业生，在讨论中只能说上一两句。庆幸的是，在最后几分钟提问环节，有人问及《南农》是一份什么样的报纸，为什么在报刊亭买不到。这时，我主动举手，分享了实习期间对《南农》的理解。入职后常常想起，也许当时的实习分享是帮助我打开南方报业大门的密匙。

还记得《南方农村报》上第一次出现自己的名字，第一次打电话、发邮件，第一次将采访对象信息录入表格，这些看似琐碎的事情慢慢勾勒出了一名农产业记者的轮廓。记得刚入职时，常有同事把我当成南农的老员工，认为我已经入职一两年了。我想这可能跟我从不把自己当作实习生看待有关，从一开始就定位自己是一名记者，一名员工。

做好功课是必备素养

“快”是新闻的突出特点。相较于都市类媒体，《南农》作为涉农类媒体做突发新闻的机会略少一些，但对记者的新闻敏感度、反应速度要求可一点也不低，不仅如此，还要求记者具有专业的农业知识储备。每周3期报纸，每月1本《农财宝典》，每天必发的农化微信，每年260多场活动，要求行业记者必须具备极强的执行力外，要有更多的想法，更多创新思维能力。

实习时，我见过还未入行的同事赶稿时的焦虑，目睹过在会场一边扛资料，一边为观众介绍还不忘递上自己的名片的情形，经历过在乡间充满肥料、农药特殊气味的农资店里做读者反馈，报纸、杂志订阅推广。不断行走，不断循环，了解行业，领悟受众的需求，积累人脉，交换想法。而这一切，都需要从主动开始。

刚到南农实习时，见记者在电脑前忙碌着，我总会上前问问有什么需要帮忙的。许多时候，记者们会给我一叠他最近收罗的名片，让我整理成EXCEL表。看似简单的工作，做起来不轻松，根据名片上的企业名称进行分类，尽可能地把电话、邮箱、地址等信息都准确无误地录入。当记者后，大多数录入名片上的人都成为了我的采访对象。对于一个选题来说，采访到关键的人是成稿的重要因素。

第一次做陌生拜访，电话联系时都能听到自己的心跳声。遇到采访对象心情不好，情绪激动时，我总是提醒自己要淡定。凤姐在多次观察我打电话后，提醒我事前把问题先列好，逐一提问，逐个了解，我至今仍保持着这样的采访习惯。想问题、写问题时也是对事件逻辑、采访要点以及稿件形式的梳理，做足功课，后面的行动才能快起来。

放开视野，不拘泥专业

从大二开始，我利用寒暑假、课余时间去政府机构、企事业单位实习，总会遇到讨论学校和专业话题的场合。“农学？！”提问者往往还会配上一副惊讶的表情，然后，一般就没有然后了。在南农就不一样，这里农学知识是标配，华农毕业生的标签很多时候还能为采访带来便利，校友资源在这个产业里那是大大的丰富。

实习面试时，凤姐问我，想找哪方面的工作。我很认真地回答，我想去银行工作，在城市长大的我可能很难跟农业打上交道。回想起来，觉得特别好笑，南农大多数记者并不来自农村。同一届的新人王俊峰在入职时说他之所以选择南农，是对脚下的土地爱得深沉。他的南开大学师兄彭进老师在新人培训时，为我们带来了“中文与猪”的主题报告。

在南农，非农学的名校毕业生比例在一半左右，对新闻的操作方法各有不同。然而，对农业行业的理解、关注、热爱有着共同的特点。陈永主编曾说过，广东肥料企业发展背后都能看到南农的身影，50年的南农历史源源不断地推送着行业的焦点、热点，推动着政策制定和舆论监督。当农业再一次成为新兴产业，《南农》依旧是全新的主流媒体。

无论实习还是工作，心态很重要。我们曾尝试寻找喜欢又适合自己的平台，而来到这里时，把心放下。现在的我们擅长于做各种各样的规划，对于人生的际遇来说，我们才刚刚开始，很多时候都需要放开自己的视野。

机灵踏实，缺一不可

项栋梁　南方农村报记者

作为指导老师，最喜欢什么样的新闻实习生呢？我和同事们探讨过这个问题，答案当然众说纷纭五花八门，但有两样是大家公认的标准：机灵而踏实，缺一不可。

代羽是那种机灵特性非常明显的实习生，忽闪之间就能明白你的意思，看不出在校生普遍尚未脱尽的稚气。讲实话，指导老师一般不敢让实习生采访重要的活动与人物，经验不足出不了稿倒是没关系，说话冒失破坏了互信那可麻烦，这点对于圈子不大的行业新闻尤为关键。无论是采访农业厅领导，还是接待上市公司老总，她都能得体应对。这样，指导老师就可以越过教她“不要犯错”的阶段，直接进入“怎么做好”的层次，省心。

那次我带她做广东种博会十周年的专题，需要给省农技推广站长做个专访，即便是对从业两年的我来说也是个不小的挑战，需要对种博会的历史和发展脉络做很多梳理功课。代羽在帮忙整理材料的同时对脉络梳理提出很多见解，让我对这小姑娘刮目相看：没有丰富的阅历，很难有这样的思考力。细问之下才了解到这位活动达人如何在团省委、学生会里“叱咤风云”。

一般来说，聪明的学生往往欠一份踏实，爱折腾的实习生通常少一些定力。我和报社领导也正是在这样“先入为主”的印象里观察着代羽的表现。怎么检验一块璞玉的成色呢？唯有时间给出答案。

很快，我们所在的农财部进入了两年一度的“农博会时间”，全员上阵投入广交会展馆。要说办展会，那可是实实在在的辛苦和琐碎，与报纸的采编工作相去甚远。同期的几位实习生没干两天就萌生了退意：我是来做实习记者的，怎么让我看大门（实为展会报道接待处）呢？

代羽同学则很快找到了她擅长的岗位，将她招募的几十号志愿者管理得井然有序。而在“看大门”的岗位，代羽也找到了学习的良机，趁着接待的便利，将行业里的大企业大佬挨个儿认了一遍。在入职后的工作中，她经常能随口报出连我们“老记者”都不熟悉的采访资源，令大家汗颜又叹服。

由此，大家一致给代羽贴上了机灵和踏实的双重合格标签，也没人再觉得她是个实习生。

麻乐

南方都市报娱乐新闻部实习

实习成绩单

发表作品：《喂，看别人装修把自己看哭了这好么？》

《太神奇了，12平米被装修成了4室1厅》

刊载媒体：南方都市报、"南都全娱乐"官方微信

听我言

你说实习里，哪些事算小，哪些事算大，大稿不都是靠着小努力积累起来的吗?

个人简介

我散发着理工人严谨务实的气质，拥有着金牛座自诩的独到艺术品位，流淌着追求理想执着于真相的热血。正式入职南方都市报前，我已在娱乐新闻线上摸爬滚打了两年半。娱乐于我，是认识社会的一个切口，是我成长成熟涨姿势的浮世绘。我将新闻梦与文艺梦结合，然而人生的梦不止一个，吾将上下而求索永不停。

Lesson 15

『工龄』最长实习生为何如此『固执』

我是南方都市报娱乐新闻部工龄最长的实习生，从2011年4月起，到2013年7月入职，一直坚守在娱乐部实习不挪窝，充分体现了金牛座的固执和专一。（欢迎全国师弟师妹前来踢馆）

两年多的实习期里，我共创建了3476个文件，总占地5.17G。可能你觉得文件并不大，但是想想看，大部分可都是文字文件。内容主要是资料整理、录音整理、稿件和录音。有些内容我甚至都不记得自己经手过，那时的认真劲儿明显超过了现在。

实习经验是新闻学子找工作的敲门砖，有时给实习生写实习鉴定，我都不忍说出实话，怕伤了小孩们的小心脏，怕毁了他们期待的美丽成绩单。带了一波波实习生后，我愈发感受到当年的自己是多么优秀。

采访前做好资料收集

我人生中第一次正式专访，是实习两个月时对演员马苏的采访。第一次出大差是去湖南参加《花儿朵朵》录制并专访热门选手，理论上实习生是不能出差的，但我荣幸地得到了部门的信任。最有成就感的一次采访，是对演员郭晓冬。详细的案头准备和对郭氏兄弟心路历程的了如指掌，让我在采访里游刃有余，郭晓冬感受到了我的细心，聊到兴起还一度邀约在北京碰面，我只能自曝实习生身份，冷却了对方的一番热情。成功的采访和写作都离不开完备的资料整理。

资料整理是新闻采写的另一大重要基础工作。于娱乐新闻而言，官方的通稿信息、人物的专访话题、作品的舆论反响等等，都能成为采写和专题策划的灵感来源。一篇翔实的报道离不开充分的背景信息。寻找资料考验着一个实习生的检索信息和筛选信息的能力，也帮记者节省了案头搜集的时间。我不由得想起了网络打假勇士周筱赟给我上的一堂课。他布置任务，叫学生在课上通过网络搜索出他使用的两个手机号码，答对者有奖。

我的实习生有时会交上极其精简的资料整理，但我写稿就总觉得不够用——是不是还有其他的信息没有搜到？我列出的提纲会不会跟以前别的专访重复？这么少的观众评论能不能概括所有意见？每当有这些疑问，我就觉得还不如自己去搜，何必劳烦实习生。我实习时整理的资料绝对是最全面最详尽的（也不排除啰嗦的可能，这方面我觉得多好过少），拜师妹陈盈璐所传授，每篇资料必是分门别类，辅以目录，让老师一目了然。

有时实习生会问我：老师，我该去哪儿搜观（听）众评论？这……不是我不想教你，只是我想起了指导老师在我实习不久时说的：“做这行要有悟性。”我想，你大概就缺这么点悟性吧。

打杂也能培养“新闻感觉”

实习也不是时时刻刻都忙，清闲的日子一大把，我还是坚持来报社。在新闻部门实习，锻炼的是一个人的综合能力，采写是你的硬功夫，而文秘杂务修炼着你的严谨和执行力，也帮你积攒着好印象。

每当有老师叫我拿快递，我乐此不疲，因为这是别人对自己的信任。渐渐地，记者和编辑们都知道了部门有一个叫麻乐的男实习生，有个大事小情，有什么稿件或是活动，首先想到的就是我（当然，这是我自己的揣测），机会接踵而至。在部门的实习任务也不再局限于资料、录音的整理等基础工作，恰逢我的老师怀了宝宝，于是我成了横跨影视歌和八卦条线的“多栖”实习生，大家都找我，我就火力全开撒欢儿干。

渐渐地，我在娱乐部应对了大大小小的采访，话剧、演唱会也看个不停，当晚交稿的压力磨炼了我描写现场的技术和交稿的速度。翻着旧实习文件，我发现了2012年2月时看艾薇儿演唱会做的案头——一整张专辑的歌词整理。那时为了写一场演唱会，竟会去研究一整张专辑的概念和中心思想，还会在虾米上对照演唱会歌单建个列表（苏打绿和李宇春演唱会时我这么干过），边听边预想演唱会的模样，甚至看看之前场次的片段，以免当晚错过什么新的创意亮点而浑然不觉。

编辑对我越发信任，许多当日的热点新闻都交给我采写，并独立署名（当然，还是穿插着资料整理和录音整理任务，这是实习生摆脱不掉的基本责任）。我还操作起了越来越大的专题报道。实习的最高潮出现在女星宋汶霏的广州葬礼上。

那次采访经历毕生难忘。头一晚接近凌晨时，编辑电话告知我，女星宋汶霏第二天将在广州举行葬礼，派我去现场报道，时间地点都不详。于是我在网上搜罗着宋汶霏的资料和报道，并查询广州殡仪馆的信息。在几家殡仪馆中，我冒险地排除掉其他四个较远的，选择了位于市区的银河园，并在第二天一大早从广州大学城坐公交出发。

到达殡仪馆后，一个接一个出殡厅走过去，看不到宋汶霏的名字。忽然眼前出现一块屏幕，滚动着当日出殡逝者的名字，滚了几轮后“宋文婷”赫然在列。若不是做了详细的案头准备，我怎么能确认这个“宋文婷”就是我要报道的“宋汶霏”呢？

于是我蹲守在6号厅门口，趁殡仪馆工作人员布置灵堂的工夫，上前交谈，了解宋家的情况。随后宋汶霏的亲友出现，我又以最没有冒犯性的姿态去安慰、去交谈。他们留下了联系方式，方便我过后采访。我跟着亲友默哀，并与宋汶霏的遗体告别，眼泪竟禁不住充满了双眼，随后我便踏上了回报社的路，赶完这篇稿。

你说实习里，哪些事算小，哪些事算大，大稿不都是靠着小努力积累起来的吗？

读书时，院长胡舒立曾给学生们开了一场实习“誓师”大会，印象最深的一句话是“不要挑活儿”（那段录音，想要的朋友们可以跟我私聊，微博：@麻乐er）。我的实习，就是这样，从不挑活儿。这篇文章仅献给那些有志于从事新闻工作的弟弟妹妹们，混经历的孩子，还是绕道滚粗吧。

大家口中的公共实习生

齐帅　南方都市报娱乐新闻部记者

带了十余年实习生，从文化到时尚到娱乐新闻领域，从本科生到博士生，能让我记住并认同的从来都是勤奋者。人在年少时，很容易骄傲也很容易自卑。于是很多人会打不开自我，抑或陷在情绪的陷阱里徒劳无功。只有一步一步不计小利踏实前行的人才是真的聪明。他们知道天外有天，并通过努力增加自我价值来拓展自己的天空。麻乐同学就是这样一个聪明的人。

他在南都娱乐部实习了两年三个月。和许多匆忙收集实习鉴定的同龄人不同，他用相对冷静的态度观察着这份工作，愿意做任何琐碎的工作，从未问过这些点滴到底有何意义。也许他心里从来就明白，任何成长与进步都不是飘逸的，而是丝毫不浪漫、不潇洒地面朝土地的耕耘。他正是这么做的。在我休产假的很长一段时间里，他并没有空虚无所事事，而是成为大家口中的公共实习生。每位老师交与的事情都用心完成，大家都喜欢找他，同事们都挺喜欢他。所以，他很厉害，不是么？

龚名扬

南方日报视觉新闻部实习

实习成绩单

摄影作品：《高考“陪考大军”众生相》

《杨箕二次强迁拆除两幢房屋》

《广州南站12地块临时取消拍卖》

《岗顶暨大为何又“看海”》

刊载媒体：南方日报

听我言

实习是一个不断发掘自身价值的过程，也是为自己的未来寻求多种可能性的机会。

个人简介

在暨南大学文学院就读研究生期间，由于个人对摄影有浓厚的兴趣，进入南方日报视觉新闻部实习，现供职于南方日报珠三角新闻部东莞记者站。

Lesson 16 一个大龄实习生的寻梦之旅

在接到撰写这篇文章的电话时，我正在电脑面前努力地为下周的选题而敲击键盘。我到南方日报东莞站做文字记者已经进入第三个年头，而这个电话则把我的思绪拉回到2010年深秋的那个下午——当时，我在报社旧楼的部，一边看着午后的阳光洒在窗台的仙人球上，一边等待可能改变我未来的面试。

梦想

说到在报社实习，相信对于大多数新闻专业的学生来说并不陌生，因为新闻是一个实践性很强的学科，实习的成绩对于毕业和找工作非常重要，而在学校和老师的推荐下，新闻专业学生要找到几个实习的机会是比较容易的。

然而，对于本科读中文、研究生读比较文学与世界文学的我来说，到报社去实习，尤其是到视觉新闻部去实习，就不那么理所当然了。以至于在实习的过程中，我回答得最多的问题是“你一个中文系的研究生为什么要到摄影部实习？”对此我的回复一般是“因为兴趣”，只有当那些真正的朋友问起的时候，我才会说是因为梦和理想。

“以梦为马”这个词，只有在知音看来才有其应有的意义。假如是让其他人听到的话，他们不但会用意味深长的眼光看着你，甚至还会反问你一句：“难道马鞍不用钱吗？”但也许某天你回过头来看，也许会发现即使你有一个最好的马鞍，但当马已经死绝了，它也不过是一件精致的废物而已。

我自小爱拍照。小学的时候用傻瓜机拍，初读大学的时候买了数码相机，经常去图书馆看摄影书籍，自学摄影知识，后来公选课还报了摄影基础。历史上的那些摄影大师成了鼓舞我前进的动力。摄影对于我来说也不仅仅是兴趣，而更是梦想和未来的目标，我一直在找机会提升自己。

后来，机缘巧合之下我认识了南方日报的资深摄影记者刘力勤老师，并抱着试一试的心态带着自己的作品去毛遂自荐，因为并非新闻专业和摄影专业的，本不抱多大希望。没想到刘老师觉得我有几张照片拍得不错，爽快地答应了我的实习请求。

有目标、有追求、有机遇，我想我要做的就只有珍惜吧，珍惜来之不易的机会。于是，我就在摄影部一直实习到2012年7月，入职培训前的那天。

挑战

如今回想起来，实习的日子既美好，但也不乏艰辛。

对于我实习生涯的起步阶段来说，真正的挑战在于进入一个似乎熟悉而又陌生的新领域，需要学习的东西太多。尤其是新闻摄影有其独特性，对于一个非新闻专业的实习生来说，怎样把握住新闻摄影的特性，如何把摄影知识、技术与新闻传播的需求、媒体的特性结合在一起，比较客观地为读者带来新闻现场的视觉感受，是一件十分困难的事。

由于实习期足够长，摄影部的老师也给了我很多机会，让我去尝试拍摄各种不同题材的新闻，这样的训练对于一个实习生的成长来说至关重要。

如果你读到这里好奇心起，到搜索引擎搜我拍过的新闻图片，你大概会看到张艺谋、汤唯、陈奕迅、刘德华、佟大为、杨幂、容祖儿，甚至是尼古拉斯·凯奇、WEST LIFE和马里奥·毛瑞尔的照片，这是因为刘老师的分线是文化、娱乐和体育，而娱乐线的活动和演出又特别多，因此在实习期间，我拍了大量的明星照片，娱乐新闻成了我实习生涯的起点，这是我在一开始所没有想到过的。

虽然在很多人看来，娱乐新闻似乎没有其他新闻“崇高”，有时还会被人开玩笑说是“狗仔队”，但作为摄影记者，最重要的还是认清工作能够为自己带来什么。从我的经历来看，娱乐摄影有时颇具挑战性，比如要学会随机应变，抢好位置，捕捉明星的表情，让画面更生动，还有就是在拍演唱会和演出的时候学会怎样应对舞台的复杂灯光。

刚开始拍摄娱乐图片的时候，在我脑海里其实对于记者的概念还是很模糊的，直到有一次去某部电影的发布会，冯小刚、姚晨、孙红雷、舒淇这些当红导演和演员同时出现，这让当时还是“新仔”的我非常兴奋。

在分组采访的时候，冯导主动过来与我们报社的郑记者握手打招呼，我当时想帮他们拍一张合照，但郑记者笑着让我别拍。发布会结束后，我问起原因，他说我们当记者的不能像个粉丝一样和明星拍合照，要表现得专业，不能让自己所在的报纸丢脸。

从那时候开始，我认识到哪怕自己是一个实习生，也应该以记者的身份来要求自己，不能表现得太业余。无论面对的是当红的影星歌星，还是当权的领导人，我都提醒自己要心静如水，做好自己应做的事，体现出报社的专业水平。

耐心

除了跑娱乐新闻之外，我在实习的时候与摄影部的其他记者关系也很好，所以当他们一时间找不到实习生干活的时候，往往会让我去帮忙，这也使得我有拍摄诸如时政、民生等其他新闻题材的机会。

通常，在尝试不同新闻题材的拍摄之前，我会先查资料，看一下同类型的照片是怎么拍的，构图、角度和景别通常是怎样的，以保证能够拍出比较理想的作品。和拍摄娱乐、文化等作品相比，时政类和民生类的新闻会有更多的变数，遇到困难的时候一定要果断，随机应变，勇气和耐心是你的好朋友。

2011年底，我接到消息说杨箕村要拆迁剩余住户，便与报社的摄影记者一同赶赴现场，他负责在高处找位置，而我则想办法突破防线尽量接近现场。在绕着工地走了半圈后，我发现有一个地方围墙不太高，可以爬进去，但一百米外有几个保安在聊天。

当时我假装路人经过，但在距离围墙还有十米的时候突然加速，转眼翻越围墙，然后往工地里面的一栋未被拆掉的房子狂奔，而那些保安则在围墙的另一边叫喊。从门口进入屋子后，我又从一个窗口爬到了相连的一栋房子，然后跑到楼上躲起来，最终躲过了搜查，留在了新闻现场并以独家的角度拍摄了拆迁的过程。

除了要敢于向前冲外，有时候耐心等待可能更重要。2011年11月8日，广州南站有多宗地块要出让，但拍卖会却临时取消，其中有两宗地块当天以底价出让，这让很多到场的媒体一头雾水。

当时，有很多摄影记者拍了一下告示牌就走了，但我觉得不应该如此敷衍了事。在等了半个小时后，竟得其中一宗地块的开发商代表出面回应媒体，我抓紧机会从不同角度拍摄，最后我站在这位代表的背后，用广角拍了一张他单独回应媒体的照片。由于新闻关注度高，次日这张照片以头版大图的形式刊登在了《南方日报》的封面上。

实习是一个不断发掘自身价值的过程，也是为自己的未来寻求多种可能性的机会。很难想象，假如我当初没有积极寻求实习的机会，我毕业后又会从事怎样的工作。

坚守

在南方日报视觉新闻部实习的近两年中，和我合作过的文字实习生换了一拨又一拨，很多人我都记不住了。

到后来，我遇到一些其他媒体新来的实习生，有的听说我已经在这份报纸实习了一年多的时候，感到非常诧异——“为什么你不到其他媒体去实习一下？这难道不是可以得到更多的机会吗？”对这个问题，我的回答通常是“因为我懒，所以不想换”，其深层原因也可能是因为读中文的人比较随性，做事乐于享受过程而不计结果。

当然，更为好听的说法是我想试一下在有限的时间内，集中精力去做好一件事，而不是朝三暮四。想起刚开始读研的时候，我对于自己未来的职业其实没有明确的规划，但在后来却渐渐爱上了这份职业、这个大院。

2011年底，距离我毕业还有半年的时间，暨大要举行一场文科生专场招聘会，我甚至连简历都准备好了。招聘会前的晚上，我辗转反侧，在思考自己的未来——明天是应该在人海中排队，还是拿起相机义无反顾地朝着自己的理想继续前行呢?

最终我选择了后者。那天上午，骄阳似火，体育场内人潮汹涌。一群打伞的女生中间，一名男生双手交叉于胸前，在伞丛中无奈地等待。我拍下了这个画面，后来发在了报纸之上。

如今想起来，大概是从那一天起，我已不再徘徊。

态度决定一切

刘力勤　南方日报记者

一个大学本科读中文、研究生读比较文学的年轻人，第一个职业岗位（虽然只是实习）却选择了新闻摄影，这在一般人看来，或觉得专业不对口、大材小用，或干脆认为就是闹着玩一玩。可是龚名扬就是这样在南方日报摄影部谋到了他的第一个实习机会，并且一呆就是两年，从未挪窝，直到正式入职。并且取得了不俗的工作业绩，获得指导老师和部门前辈的一致认可。只因为“梦和理想”，让他乘着梦之骏马，驰骋职场。但其实在“梦和理想”之外，真正让他在职场上成功开疆拓土的是他谦虚、好学的品质，认真、执着的秉性以及勤奋、能吃苦的工作态度。

名扬选择摄影记者开始他的职业生涯，当初只是出于爱好、兴趣，即便他所学的文学专业与新闻摄影多少也挨点边，即便他在校时经常去图书馆看摄影书籍，自学摄影知识，还选修了摄影基础课，但初入职场，本来就是大姑娘上花轿——头一遭，一切都是生疏的，何况还不是自己的专业领域。

但名扬为人温和稳重、谦虚好学，经常主动与部门的老师们交流思想、探讨新闻拍摄心得，从中充实、茁壮自己。

他用心做事，用心做人，得到了老师们的喜爱，大家也乐意指点一下他。他工作不怕苦不嫌累，哪位记者忙不过来了，只要叫到他帮忙去采访，他都会视作难得的机会，全力以赴、乐此不疲。而且在拍摄过各种不同题材的新闻之后，他会善于总结、领悟、提高。

我相信，以名扬聪慧的天资、踏实的为人、虚心好学的品质、认真刻苦的态度，他会在未来的职业生涯中飞得更高、走得更远。

谨勤

南方舆情事业部实习

凌莉君

实习成绩单

对接5个用户、2份每日简报服务

完成舆情健康度周报、每日舆情监测服务

听我言

我们每天耕耘着，无所谓疲惫，无所谓结果，为的是四十年后回想过去时，会发现这个世界因为有我们的存在而有了一点点改变。

个人简介

90后，好读书，爱学习，勤出游。本科毕业于厦门大学英语系，在美好的景色中浸染四年，毕业后在南方舆情事业部做舆情编辑。曾经每日东奔西跑，如今在电脑前一坐就是八个小时，不知不觉就胖了

Lesson 17 从南方舆情再出发

某日聚会，大学同学纷纷问起我在哪里工作。

答曰："南方报业。"

"哇，报纸啊，很不错呢，是记者还是编辑？"

答曰："是舆情。"

这时候，我通常会遇上三类情况。

第一种最为常见，对方眼前一亮：舆情？娱乐情报吧？你是娱乐记者啊！

好一点的情况，对方的眼神中充满了对秘密情报人员的敬意，脸上分明写着"我懂的"。

要是几年前有人跟我说，我会成为一名舆情编辑，也许我的反应也会和上面差不多。我在南方舆情的一年半里面，不仅全方位地了解了舆情工作，也完成了从大学毕业生到职场新人的蜕变。

勤勤恳恳，吃亏就是占便宜

来到南方舆情，我发现这里的同事来自集团的各个报系、各个部门，有中国、广东新闻奖得主，有备受媒体关注的地区知名网友，每个人都是各自领域的大牛，只有我一个是初出茅庐的大学生。我不是学新闻出身，也没有做过记者编辑，自己总觉得缺了点什么，于是制定了学习计划，并且坚持到现在。

这个计划包括每天下班花两个小时翻报纸，搜集那些和用户有关的新闻报道，同时上网关注境外媒体的文章，特别是关于省层面的舆情信息，关于中国社会发展趋势，以及政府治理能力等主题的文章。工作中每次看到一个舆情事件，都要自己先思考假如是我来写报告会给出怎样的建议，然后再对比报告的最终版本，遇到不懂的地方，就多去问问领导同事。这个过程很漫长，但是也积少成多，慢慢就有质变。

记得厦大校长在毕业演讲的时候讲过，吃亏就是占便宜，他把这句话送给我们一群即将步入社会的学生，教育我们要主动学习，积极参与。这句话我体会特别深刻，南方舆情的PC客户端最初按照早晚版的形式来发布信息，当时人手不足，我就和产品中心的老师们一起参与到发布工作中，每天早上五点钟起来，裹着大羽绒发早版。后来采取单个分析师对应用户的形式，我作为实习生没有用户对接，于是主动承担了十多个用户平台的稿件补漏工作。这些实习经历都为我后来独立上手积累了宝贵的经验。

点点滴滴，成为想要的自己

转正以后，我开始有了对接的地市用户，对用户的日常信息进行监测维护、提供用户定制产品、沟通协同生产。我深深感受到了媒体人、舆情人的主动“吃亏”精神。还记得我第一次与舆情分析师合作，由于用户对定制报告有明确要求的时效性，要求我们只能利用周末休息的时间，主动“吃亏”为用户梳理、撰写报告。当我略显难为情的表达了用户需求后，协同工作的老师主动表达了将在约定的时间前完成协同工作。从此之后，在每周五下班前，我都会把涉及用户的重点舆情事件筛选出来，交给协同生产的老师，他则在周末“吃亏”完成了报告主题内容的生产，并在用户约定的时间节点前交付了最终报告。而我至今难以忘怀，当第一次听见这份周报受到夸奖时，内心的一点暗喜，虽然报告不是自己写的，也会觉得是完成了一件大事，特别有成就感。

做舆情编辑要善于发现舆情隐患，一些最初不起眼的新闻，往往可能点燃负面舆情事件的引信。例如，我曾通过监控平台发现，有一个性质恶劣的案件发生在2013年，距今有两年时间，当年已经被媒体曝光，按道理不会引起公众再度关注。然而，两年后的今天，那则新闻竟又被转发了3000次，十分蹊跷。我立刻调查事件的起源，发现是一名拥有十多万粉丝的微博大V用户转发了2013年的新闻，并附上微信链接，内含煽情的文字和触目惊心的图片。此类信息容易引起公愤，于是我采取了两个措施：一是向相关用户预警，提醒此事有可能成为热点话题，对用户形象造成不利影响；二是及时联系兼职舆情分析师，由分析师对此事进行分析评论，并对用户提出应对建议。后来，该信息果然被转发了超过2万次。所幸应对及时，该舆情停留在新闻本身的讨论，没有对用户造成负面影响，而我们也得到了用户的认可。

我大学的同伴经常问，你这么活跃的一个女生，为何能适应如此有规律的工作。我也曾经有这样的困惑，直到南方舆情第一次全体会议，集团副总编辑曹轲讲述了南方舆情的价值观：也许我们不能影响用户的每一个决策，但我们可以在为用户提供的舆情建议当中，体现南方报业的价值观和人文关怀。这句话唤醒了我的一些记忆。我记得大学三年级的时候，有一个上午刷微博看见一条短小的关于农民种柚子滞销的报道，当天下午我就坐车去郊外找到这个农民，帮他出主意，找媒体，找教授，一起策划公益活动。如今我还能记得，当我们在两周内卖出了30万斤柚子的时候，那位老农眼中闪烁的泪花。我还回忆起当时在一个项目组，要坐来回八小时的长途大巴，从厦门去到福建与广东交界的一个小渔村里，调查如何解决当地多年来的海蛎壳堆积污染问题。我还记得去陪自闭症儿童搞活动，去农村支教给小朋友上英语课。也许这些事情不算什么，但我始终相信，它们能让这个世界变得美好一些。

从实习生到合格编辑

温冲　南方舆情事业部总经理助理、产品中心总监

小君是南方舆情破格招录的唯一实习生。

2013年底，南方舆情还在筹备阶段，她进来实习。她是厦门大学外文系毕业生，90后。

这种年龄的年轻人，踏实的不多，踏实又能坚持的，则更少，小君碰巧属于这类。她实习前半年，什么都做，交代的事似乎都干得不错，大家喜欢找她搭手，尤其是一些“翻墙”、翻译或者寻找特定信息的累活。

2014年初，南方舆情事业部正式成立。下半年，客户突增，人手短缺，我们把她当舆情编辑顶上去。结果这临时一顶，她再没下来。我们发现她在短短半年的时间里，已从一个实习生成为一个合格的舆情编辑了。

黄少宏

南方日报时政新闻部实习

实习成绩单

发表作品：《穗应申报国家级航空经济综合实验区》

《太神奇了，12平米被装修成了4室1厅》

刊载媒体：南方日报

听我言

单纯的技术性操作是必要的，往往容易引导人倾斜到天平的一端，对我而言，就是在新闻实践中只会一味顾着抛出自己的问题，却忘了采访更多是一种倾听。

个人简介

黄少宏，主修传播学，大学期间曾担任《华南师大报》社长，先后在信息时报、羊城晚报、南方日报进行新闻实习；2011年毕业于华南师范大学教育信息技术学院，同年经校园招聘成为南方日报社一员，随后前往东莞记者站开启职业生涯，2012年摘得南方日报年度新人奖。

Lesson 18 我爱那跑不死的淡定

2015年开年工作第一天，采妍拿着写好的实习鉴定表来到办公室，顺带捎来她已通过南城政府面试的消息。尽管早有预料，真到此刻却难免失落。从业四年来，这是我所带的第三名实习生。不同以往的是，在她跑不死的淡定中，我找回了冬日里久违的阳光与亲切。

倾听的能力，是绝大多数职业所无法给予和企及的

那是2010年的盛夏，老天爷像是着了火，对羊城的烘烤，自打6月份开始就没停歇过。大学生涯最后一段、也是历时最长的一段实习，就这样在289大院里热乎乎地开始。

来南方报业之前，我曾先后在信息时报、羊城晚报等媒体实习，跑过突发、跟过科教，在校内还带过师弟师妹办报纸，自认为早已轻车熟路、驾轻就熟。然而，作为这份报纸的核心采编部门，南方日报时政新闻部的工作，历来不是个轻松的活儿，对于实习生而言，同样如此。

“明天有空没？有没有兴趣去石室大教堂

采访一位牧师，做一个天主教在广东和谐发展的专题？”接到来自林老师的短信时，我正躺在宿舍的床板上躁动地摆动着纸扇。

石室圣心大教堂是广州天主教的标志性建筑，此前我虽略有耳闻，却从未踏足。而报道所聚焦的宗教题材，也是我从未接触过的。

都说无知者无畏，经历一个彻夜不眠的临时抱佛脚后，第二天一大早，我便踌躇满志搭上公交车前往目的地。采访对象甘俊邱牧师，时任天主教广州教区主教。在记忆里数不胜数的采访对象中，甘牧师是和蔼的，面对提出的每一个问题，他总是面带笑容，并愿意将所知的和盘托出。

然而，半路出家的和尚往往难以取得真经，面对知识的匮乏、准备的仓促，纵是我刨根究底不停追问，结果终究也只能是管中窥豹，难以问到点子上。

“先让对方把各方面说清楚，尽量不要中途插上分散的问题，打乱思路。”林老师的话让我想起，在新闻学课堂上，老师们总会灌输这样的理念：采访时要让自己成为对世界充满好奇心的人，对新闻要素要不断往深里挖，凡事但求翔实客观全面。

单纯的技术性操作是必要的，往往容易引导人倾斜到天平的一端，对我而言，就是在新闻实践中只会一味顾着抛出自己的问题，却忘了采访更多是一种倾听。

那一次的采访注定是不完美的，可挫败从来都是进步的注脚。前辈们常说，无论何时，记者都应该是一个忠实的倾听者。可很多时候，大家都过于着急地追求成果，甚至将可能造成的伤害抛诸脑后。

这或许是竞争使然，但我却想尽量不与之为伍。

踏入职场后，只要领导和编辑不催稿，我都希望能够更为从容地让采访对象把各方面都说清楚，尽量避免中途插上多余的问题，打乱对方的思路。我愿意在对话之外花费更多时间和精力去准备，却不愿意草草地错过每一次精神交流的机会。

从实用主义看，这样做很低效。多数时候，传统纸媒还延续着以字数为主的计薪方式，所以从物质回报上看，上述的做法多少有些犯傻的成分。可我常常觉得，采访所享有的权利是奢侈的。有时候仅凭一个电话的陌生沟通，采访对象在素未谋面的情况下选择信任你，并将自己的人生和感悟与你分享。这种倾听的权利，是绝大多数职业所无法给予和企及的。

而且，更多时候，当我们给对方多一刻钟的诉说空间时，回报我们的不仅是采访录音整理时间的缩减，还可能为我们叩开走向人生殿堂的另一扇门。

不要依靠录音，参照笔记理清事情

整理采访录音，大抵是每个新闻实习生所必经的一段修行。说句实话，我曾经无比憎恶整理录音，特别是遇上一些咬字不清、缺乏逻辑的采访对象，整理录音更是一场噩梦。直到那次采访后，我把花了一个月的伙食费买来的专业录音笔，从此关进了“小黑屋”。

采访对象叫许宁生，如今的复旦校长，昔日的中大校长。接受采访时，许宁生刚刚接棒黄达人出任中山大学校长，这是他就职以来首次接受媒体采访。

基于与中大长期以来缔结的友好关系，《南方日报》成为唯一一家获许采访的媒体。具体的采访内容我已记不清了，唯独记得，讲的主题是中大在国际化办学上的创新举措。

带我去采访的是梅老师。作为部门首席记者，梅老师在高教领域的江湖地位无需赘笔。她与许校长的访谈就如同故人相遇，一路侃侃而谈，让我着实体验到人物专访的学问。

对于整个采访过程，我至今犹然在目：笔尖在纸张上快速滑动，整整写完一支笔芯换了另一支，十几页的A4纸一张张爬满了文字。愚笨的脑袋瓜从未如此专注，一条条青筋不时挤压着太阳穴，时而的疼痛却带来莫名的快感……访谈结束后打开录音才发现，整个访谈足足持续3小时20分钟。

“对于这种长时间的采访，不要去依靠录音，参照自己的笔记理清整个事情的脉络。”梅老师轻描淡写的提醒，传达的尽是过来人的经验之谈。

在此之前，对于处理这类长时间的人物采访，我都习惯于先一字不差地将录音整理出来，再梳理提取新闻要素展开写作。这样做可以确保准确，却难免费时费劲。

顺着梅老师提醒的思路，回到宿舍，重新仔细翻看下笔记，我发现很多东西都跃然纸上，冗长的录音此刻已显得无关紧要。后来的结果可想而知，我用了平日里一半不到的时间完成了这篇稿件的写作，也因此得到了梅老师的赞赏。

令我高兴的不止于从此摆脱对录音的依赖，更为重要的是，能够将有限的时间留下来打磨稿件。在记者这一行当中，有些人雷厉风行，写稿子速度之快、效率之高总是羡煞旁人；有些人却是出了名的磨蹭，不到截稿时间都不能交稿。

尽管人们对此莫衷一是，可我始终认为，好的报道，就像艺术品，是需要精雕细琢的。特别是在新闻自动生成器已然被有所应用的时代，人们对新闻精品只会愈发需要。如果时间允许，为何不让它更加尽善尽美呢？

天下实习，唯勤不破

在我不算漫长的实习生涯当中，大多数时候都在做着并不出彩的报道；在新闻的造诣上同样算不得天资卓越，有的更多是老牛拉磨般的勤奋。然而每一次刻骨铭心的成长，却都隐藏在这样的波澜不惊当中。

曾经手把手带过的三名实习生，他们初来报到时，彼此之间并没有多大的差距。唯一不同的是，他们努力的程度跟最终的收获往往成正比。作为过来人，我也是深有体会的。

每年暑假，都是新闻实习的高峰期。每当到这个时候，总会发现，办公室里面的实习生比记者还要多。这些实习生来自五湖四海，专业、基础各不相同，在并不熟悉的情况下，记者们往往也不会贸然将重要采访交付于人。

这个时候，我们会发现，大多数人实习的初始都是在分发报纸、阅读文章这样的琐事，与彼此之间的闲聊中度过。可我们往往也发现，总会有一些渴望成长的年轻人主动通过一些细节去打动他们的导师。

当大家都在抱怨录音难以整理时，他耐心地标示出每一个模糊字词；当人们正在为身处新闻淡季而犯愁时，他勇敢地拿出早已准备好的策划方案；当导师们在讨论一个新闻选题操作时，他会适时分享自己的看法和建议，尽管不见得正确可行……

天下实习，唯勤不破。没有人会拒绝成长的善意，怕的只是得过且过的逃避。既然新闻永远在路上，经历告诉我，实习同样需要有一双跑不断的双腿和停不下来的思考。尽管大多数时候，我们的奔跑都是平淡无奇的，但正是这样一点一滴笃定的积累，才能不断带领我们走向不凡。

变动世界中不变的心

张胜波　南方日报原记者

在如今里，人们似乎很难找到什么恒久的东西了，对新闻人而言，更是如此。七年前，我进入南方报业的大门，赶上了纸媒辉煌的尾巴，因此也就看到了行业变迁、人来人往的完整过程。

正是因为变化太快，入行比我晚三年的黄少宏，在这个变局中的角色与我竟已经有了显著的差异。他一开始就带着全媒体的角色入行，手中除了一支笔，可以想到和利用的武器更多。他对报纸的考量有着更多侧面，入职后很快就懂得了如何在一个小地方让这份报纸扎实生长。当我跟他讨论他的职业前途时，他内心更多了一份冷静，或者说是淡定，他更加懂得这份工作和这张报纸的价值所在。

其实，淡定的人永远淡定，不淡定的人永无宁日。刚到南方日报时政新闻部实习的时候，黄少宏有着优异的履历，没有机会去突发现场冲锋陷阵却没有抱怨，而是跟我一起每天重复地奔波于大学城以及各大校园，一模一样的招聘会至少跑了十几次，却要写出个花样来；日复一日的会议和活动看似无聊，却要找出社会情怀和家国大事来。黄少宏每天乐呵呵，憨笑着，流连于老师、学生、社团、BBS之间，惊喜于每一个细小的新闻线索，埋头于每一个豆腐块的写作。我相信，有的才华是惊艳亮相，有的却是在心思和岁月中愈磨愈亮。

新闻，是少宏最好的手艺。

林珊珊

南方人物周刊实习

实习成绩单

发表作品：《少年杀母事件》

刊载媒体：南方人物周刊

听我言

可在这工作中，爱瞎琢磨的那部分便理直气壮地释放了，释放的结果是开启了关于自我的探索。

个人简介

林珊珊，《时尚先生》主笔，《南方人物周刊》原资深记者。致力于特稿写作。生于1985年，广东揭阳人。曾获南方周末传媒致敬之特稿写作、网易华语新媒体传播大奖年度最佳非虚构写作、南方报业传媒集团年度记者。

Lesson 19
爱瞎琢磨也能理直气壮地释放

大学时，我对自己没什么期许。第一、二年也很亢奋，什么都争做“最优秀”。到了大三才醒悟过来：原来整个环境都是不对的，越优秀越愚蠢，便真的开始读书。也是一种姿态，觉得酷，与众不同，不过也不全是这样。记得有一个下午我都在读《查拉图斯特拉如是说》，黄昏从图书馆走出来，阳光碎在台阶上，那为充实的雀跃是真实的。

几乎每天都有新探索新发现。大概就在那时，知道了《南方人物周刊》。接近毕业时，我有一个可能性很大的工作机会，但南方人物周刊也答应让我去实习了。几乎是不假思索，我直奔南方人物周刊去了。不管如何，我要去看看。

开头还挺惶恐，不过编辑部包容又随和，也便跟着去开会去喝酒。晚上，常常和一群编辑记者聚在大排档，有时说说各自的初恋初吻、童年阴影。每个人都有长长的青春期。他们是我走出校园最初的“社会”，多么可爱美好。仿佛广州夏夜的风又吹在了脸上。

总得说点业务。

新闻经验空白竟成了优势

开始在南方人物周刊实习是2007年，带我的老师是编辑蒋志高。当时在新闻经验上几乎一片空白，一切都得从头开始。没想这倒成了优势——不必花很多经历去清除愚蠢的优秀。

如今想来，我还是挺佩服自己的勤奋。蒋老师交给我的第一个任务是帮助记者收集环保总局一名高官的资料。我不仅翻遍搜索页面，把所有新闻找出，按时间顺序整理成精细的人物行踪，还去书店买了书，下载了相关论文，把环境治理体制的问题大致搞清楚后，我提出了自己感兴趣的采访方向和问题。蒋老师觉得挺靠谱。后来他告诉我，每个实习生他都只给一次机会。听着挺残酷，但因为不认真而永远失去机会，又能怪谁呢？

接着便开始帮助记者联系采访对象、做外围采访，撰写配文。记得那年国庆前，李阳一度又成了新闻人物。蒋老师派我去做初步电话采访。他交代了几句话，大致是电话采访有很多劣势，对方又善于演讲，注意多提封闭性问题，说完便回家去了。什么是封闭性问题？我不敢问出口，悄悄去谷歌了一下，便着手设计了近百个问题。几番周折找到李阳电话后，我开始约访。李阳没接，我就发短信，一直打电话。大概是零点时拨通了，一口气问了两个多小时。

这样锻炼了三个月后，终于有了独立操作长稿的机会。第一篇长稿是关于体育彩票标兵发现制度漏洞后空打几千万元彩票随后被判刑的案件，惴惴不安交了四千多字后，编辑蒋志高老师说，2900万全部写成了2900块！我沮丧到极点，准备被骂一通，他却在MSN发来一行字，“摸到人物报道的边了”。我问，什么是核心？他回了两个字：人性。

如何问出细节

误打误撞遇见了人物报道，有开了窍的感觉。不久后，傅小永老师离开广州，将他未完成的选题留给我。当我和蒋志高老师说起这少年杀母事件时，他说你要放开写，写出不一样的文本。我自然不知道什么是“不一样的”，但很快投入进去，几乎每天都往返于广州大学城和少年的城中村之间。

我是如何采访的？翻翻采写笔记：

“第一次采访（少年父亲），我们谈了 7个多小时。前 3个小时，聊家常及人情冷暖。然后，我讲起对广州的感受，这引起他回忆在这城市的经历…… 这样，我和张柱良拉近了距离，他开始讲述自己是怎样当父亲的。每讲一件事情，我便在脑中构建画面。我会问，当时你站在哪里，说了什么话，张明明是不是扭头就走……场面多是我先想象一番，然后提出封闭式问题，勾起他的记忆来重新表述。细节就是这样问出来的……往后，我采访了父亲 4次，穷尽一切细节，比方说几点起床，吃什么东西，卖烧烤怎么走，看到什么，想到什么，骑什么车，车上放什么东西……根据父亲提供的线索，我们多次去广州瑶台采访体验，在相同的时间重走烧烤之路。瑶台曲曲折折的阴森小巷，我走过好几次。”

有一次蒋老师来城中村采访，可能是为了核实我的工作吧。到了吃饭时他说，你要写出牛逼的报道。如今看来，指导老师的鼓励还是蛮重要的。临写前他问我打算怎么写，我说以一天写一生，以烧烤之路的空间转移推动时间进展。他说行，念出一句话给我作为开头，后来居然就上了封面，获得大奖。

通往内心深处是理解他人的捷径之一

那一年年末，我参加南方人物周刊年会，感觉像是摸中彩票，非常恍惚。编辑曾繁旭老师说，对文艺青年来说，“文艺”总是使得人生更艰难，而我幸运地将之转为优势。我琢磨这“文艺”，说的是某种柔弱的情感吧。上大学时，我们想象的“社会”势利又残酷，那些柔弱的情感成天无所事事，甚至被告知不合时宜，需要改造。可在这工作中，爱瞎琢磨的那部分便理直气壮地释放了，释放的结果是开启了关于自我的探索。

说实话，我当时挺年轻，但还挺冷静。大多数记者不都得认真耕耘几年才能有相应的收获？因此很快就有一种置身事外的感觉。后来放弃工作机会，去读硕士研究生，试图读书静修向内生长。有一段时间，我还记录起情绪变化和环境入侵情况，像在各个角落装了摄像头。没想到探究工程还挺艰苦，可后来又无意发现，通往内心深处是理解他人的捷径之一。

硕士三年，我还陆陆续续给人物周刊写稿。毕业后如愿到那儿工作了。我很感念在人物周刊度过的七年，在那里遇到的人和事，是我整个青春里最美好的回忆，也是构建我价值观最重要的来源。

她一不小心爱上了“马拉松”

施雨华　南方人物周刊原主笔

实习生来了又去，一张张青春的面孔由陌生而熟悉又从熟悉回归陌生。和多数人一样，我注意到珊珊是在她写出《少年杀母事件》后。但这次我才知道她在杂志社实习的前半年，除了一个小稿件，把所有时间、精力都投入到了这篇报道里。老话这么说：“伤其十指，不如断其一指。”可惜有太多人不明白或者没有在行动中践行这个原理。

不久，《少年杀母事件》获选南方周末2007年度的“传媒致敬之特稿写作”。评语最后一句是：“我们对年轻的第一作者表示敬佩，她是一位实习生，也许，‘有野心的年轻’正是新闻事业延展的基石。”

做了职业记者，珊珊却说她至今仍然不太习惯“职业操作”。有些人拿到一个选题后立刻会有清晰的思路：哪些人需要采访，哪些人不需要采访，哪些人特别重要，哪些人价值不大……她不是这样。虽然采访经验越来越丰富，但她总是什么角度都尝试一下，不对一个选题很快下判断。她认为这是一种比较“保守”的办法，或者说她比较“贪心”，因为总是怀疑还有更好的角度。而她的确常常在采访过程中发现值得探寻的新主题，继而投入新一轮采访。

珊珊说她其实并不相信一个采访真的可以深入人的内心，但在努力的程度上她是“没有上限的”，“只要截稿期还没到，我会一直做下去。”不会感到厌倦吗？“会。但是痛苦也会做下去的。”多数时候她会阅读几乎所有的相关报道。她没给自己留多少时间“休闲”。

冯叶

南方周末经济部实习

实习成绩单

发表作品：《“中间商”福建三奥》

刊载媒体：南方周末

听我言

我只知道，对于刚刚毕业的大学生来说，提升个人能力的地方，才意味着有前途。

个人简介

冯叶，曾在南方周末经济部实习一年。2013年暨南大学新闻系硕士毕业后进入南方都市报。关注政经逻辑、各种“造富”圈子。不管在哪，为自己工作。

无论是实习也好，选择新闻也罢，我觉得记者可能代表了一种生活方式：你需要像一头狼一样，行走荒原，忍受疲惫，同时还要恶狠狠地盯着猎物，在最恰当的时机，给其致命一击。

Nothing is impossible

不好意思，盗用了阿迪达斯的广告语。不过这也恰好印证了一位后来跳去中信做IPO的集团前经济部记者。看遍风景之后，她说，还是记者对智力的要求比较高。

这正是记者这份职业的魅力。当然，前提是你从事的是真正的新闻工作。而真正的新闻工作则意味着：能准确捕捉影响事态发展的引爆点，随即找到事件漩涡中的核心人物，并最终依靠逻辑的缜密还原事实真相。

还记得那是2012年夏天，我想尽各种办法，终于走进南方周末经济部。从此长达1年的实习时间，迄今仍是我短暂记者生涯里最跌宕起伏的记忆。

一部电话撬动的骗局

实习期间，在编辑老师们强大的指导之下，我得以特约撰稿人的身份独立采写新闻报道。印象最深的是一篇见报但没能上网的上市公司IPO调查——《“中间商”福建三奥》。

报道的起因是一个打到办公室的电话，对方告诉我，一家名为福建三奥的公司打算IPO，但其涉嫌财务造假，目的是股市圈钱。当时恰好是星期四，既是《南方周末》发行的时间，也是记者们为下周储备题目的时间。在所有记者都已准备题目的情况下，编辑老师让我自己试试。

当时，从未关注过证券市场的我，别说揭露造假，就连财务报表都没怎么翻过。但对真相的渴望，仍促使我立马投入战斗。

报料人举报的信息显示，福建三奥招股说明书存在诸多披露违规情况，如代签合同虚增销售收入、销售毛利率“数字打架”、隐瞒大客户关联股东信息、涉嫌骗取国家级高新技术企业和双软企业资格等问题。

针对第一个问题，我从招股书上找到了这家公司在福建的竞争对手们，他们无一不对福建三奥以低价抢单再承包给别人的行为深恶痛绝。虽然人证有了，但仍不足以证明福建三奥实际的操作手段。

当时，我想起部门著名调查记者陈中小路的话，她说调查没有捷径，就是把百度从第1页翻到第100页。我按照这个方法做了，真的找到了福建三奥与另一家公司一起承包的项目。通过项目方，我得以确定，真正施工的正是另一家公司，福建三奥只负责拿单。

在招股书中，诸多大客户也被罗列了出来。按照猜想，如果福建三奥并无实际业务，那这些大客户与福建三奥之间很可能是关联交易，也就是一场左手传右手的游戏。

当时还是实习生的我，因为报社顾及人身安全问题，不准我出差去福建。幸运的是，其中一家大客户正好落在了广州。按照这家公司的地址，我找了过去，但极有可能是虚拟注册的公司，让我扑了个空。我失望至极，就好像经历了漫长的跋涉，眼看就要吹到山顶的风，却一脚陷进了泥里。

不过我没有放弃，当时只剩最后一个办法，就是去这家公司注册的工商局查询工商信息。我已经不记得那个遥远的工商局究竟在哪，只记得我无数次换乘交通工具，甚至赶上了错过就没有的班车。而在看到大股东名字的一瞬间，我就认出了那个经过反复查询，已经刻在我脑子里的名字，对上了！这个股东与福建三奥董事就是同一个人。尽管，他的签名是繁体，身份证也换了另一种格式。

背后的逻辑

入职南方都市报广州新闻部后，我真正成为一名记者，并开始负责报道时政新闻。不得不承认，起初从周报到日报的变化，对我来说有一段水土不服的时期。因为并不擅长与政府部门打交道，刚开始的一段时间，我几乎处于无稿可发的状态；而在《南方周末》全国性选题的视野，在地方新闻部，也不得不局限于广州这一座城市。

恰巧在彼时，都市报时政新闻也正处于艰难的转型期。

而正是找准了新逻辑方向，我才得以找回做记者的感觉。此前比较抵触的政府活动，也为我提供了源源不断的新闻线索。

比如2014年，当融资平台这一借钱管道被中央收紧之后，各个地方政府都处于地方债高压和城建缺钱的矛盾之中。当时，我拿到了一本广州新一年重大签约项目名单，其中有几笔百亿的保险资金引起了我的关注。通过持续调查，我终于发现，险资正在成为广州市政府除银行贷款和发债之外的全新融资渠道。

同样是在2014年，广州市体育局举办第三次广州马拉松。之前的报道大多流于活动有多么热闹，而被政府、运营商、企业还有参赛者共同催热了的广马，除了开跑的人潮，还有滚滚而来的钱潮，其新闻价值还远没有被挖掘，于是就有了《带你看懂广马经济学》。

现在的我，已经不再为地方新闻而感到局限。我加入了大大小小的圈子，有的圈子能把一只股票买到涨停，有的圈子专注于政企合作的新模式，还有的圈子卖卖面膜……而在这些圈子背后，是一张张由经济利益串联起来的大网，而我的乐趣就在于找到它运行的逻辑。

别害怕技术

许多实习生告诉我，尽管学的是新闻，毕业后也不会再来纸媒了，因为纸媒没有前途，问我为什么还不走。其实，我不知道什么是他们口中的前途。赚更多的钱？去更体面的地方上班？与更牛逼的人待在一起？

我只知道，对于刚刚毕业的大学生来说，提升个人能力的地方，才意味着有前途。

我从来不会把新媒体和传统媒体对立起来，所谓谁取代谁，也没有什么值得讨论的地方。因为我深刻地感受到，在每次探究真相的过程中，都要充分利用新媒体的连接优势，但最终能否找到你想要的结果，仍然取决于个人的智力和意志。而每一次突破也都像是打怪升级，自身能力的提高会让我觉得，这一定是世界上最好的工作之一。

就好像《南方周末》那篇采访，虽然我没有办法去福建，但我可以通过微博以及各种新媒体，找到说出真相的人。印象中还有一次采访柬埔寨股市开张，我与当时合作的记者甚至找到了帮柬埔寨建设股票交易系统的韩国负责人。我买了一张仅能通话30分钟的Skype，与他用英文交流。当时他坐在位于韩国首尔的办公室，而我窝在暨南大学的研究生宿舍。

其实，惧怕技术的人最该惧怕的就是未来。

勇气，机智，勤奋

冉孟顺　南方周末原资深记者

我很荣幸地、也很愉快地能介绍一位优秀记者冯叶。

2012年，冯叶还是暨南大学新闻系学生时，在南方周末经济新闻部实习近一年。当时我还担任南方周末财经编辑和记者，我很荣幸地能与冯叶同学合作，冯叶表现出极高的新闻素养和优秀调查记者的潜质，令人印象深刻。

在数篇独立完成的财经调查报道中，冯叶均有出色表现。这些都是难度颇大的调查，冯叶表现出足够的勇气，以及灵活机智的策略，成功地完成了深度采访。

我很乐意地向大家推荐冯叶关于三奥信息公司IPO欺诈上市的调查报道。冯叶艰苦细致的采访，取得了翔实的财务造假证据。该报道刊发后取得很大的反响，导致2012年取得IPO批文的三奥信息，至今（2015年）也未能上市。

此外，冯叶同学的勤奋也同样让我们印象深刻。冯叶加班加点，甚至熬夜工作，使稿件能及时刊发。

很高兴能够见证冯叶从一名新闻系学生转变为优秀记者的成长过程，相信冯叶未来还有更出色的新闻作品。